费孝通（1910—2005），江苏吴江人。20世纪中国享有国际声誉的卓越学者。中国社会学、人类学和民族学的重要奠基人之一。曾担任民盟中央主席、全国政协副主席、全国人大常委会副委员长等职。

1930年入燕京大学社会学系，获学士学位。1933年入清华大学社会学及人类学系，获硕士学位。1936年秋入英国伦敦经济学院攻读社会人类学，获哲学博士学位。1938年秋回国。曾先后在云南大学、西南联大、清华大学、中央民族学院、中国社会科学院、北京大学等从事教学与研究。

一生以书生自任，笔耕不辍，著作等身，代表作有《江村经济》《禄村农田》《乡土中国》《生育制度》《行行重行行》《中华民族的多元一体格局》等。

费孝通作品精选

中国士绅
城乡关系论集

费孝通 著

玛格丽特·派克·雷德菲尔德 编

赵旭东 秦志杰 译

生活·讀書·新知三联书店

Copyright © 2021 by SDX Joint Publishing Company.
All Rights Reserved.
本作品版权由生活·读书·新知三联书店所有。
未经许可，不得翻印。

图书在版编目（CIP）数据

中国士绅：城乡关系论集/费孝通著；(美)玛格丽特·派克·雷德菲尔德编；赵旭东，秦志杰译. —北京：生活·读书·新知三联书店，2021.1（2021.12重印）

（费孝通作品精选）

ISBN 978-7-108-06977-1

Ⅰ.①中… Ⅱ.①费… ②玛… ③赵… ④秦… Ⅲ.①绅士－研究－中国－古代 Ⅳ.① D691.71

中国版本图书馆CIP数据核字（2020）第193557号

责任编辑	冯金红
封面设计	宁成春
版式设计	薛　宇
责任校对	张国荣
责任印制	董　欢
出版发行	生活·读书·新知三联书店
	(北京市东城区美术馆东街22号 100010)
网　　址	www.sdxjpc.com
经　　销	新华书店
印　　刷	河北鹏润印刷有限公司
版　　次	2021年1月北京第1版
	2021年12月北京第2次印刷
开　　本	880毫米×1092毫米 1/32 印张7.5
字　　数	149千字
印　　数	5,001-8,000册
定　　价	68.00元

（印装查询：01064002715；邮购查询：01084010542）

费孝通作品精选

出版前言

费孝通（1910—2005），20世纪中国享有国际声誉的卓越学者。他不仅是中国社会学、人类学、民族学的重要奠基人之一，而且学以致用、知行合一，一生致力于探寻适合中国文化与社会传统的现代化之路。

在其"第一次学术生命"阶段，从最初的大瑶山到江村，再到后来的"魁阁"工作站，费孝通致力于社会生活的实地研究，继之以社会的结构特征考察，提出诸如"差序格局""家核心三角""社会继替""绅士"及"乡土损蚀"等概念和表述，代表作有《花蓝瑶社会组织》《江村经济》《禄村农田》《乡土中国》《乡土重建》《生育制度》等。在其学术求索中，费孝通与西方学术有关传统与现代的理论构成了广泛对话，而他的现实目标可归结为"乡土重建"，其学术思考围绕如何理解中国社会、如何推动中国社会现代化转型的问题展开。

20世纪50年代，费孝通在共和国民族政策与民族工作的建言与商讨中发挥了重要作用，也亲身参与"民族访问团"和民族识别调查工作。此间，他得以将其在"第一次学术生命"阶段提出的部分见解付诸实践,也得以在大瑶山调查之后,再次有机会深入民族地区,对边疆社会的组织结构和变迁过程进行广泛研究。在其参加"民族访问团"期间参与写作的调查报告,及后来所写的追思吴文藻、史禄国、潘光旦、顾颉刚等先生的文章中,费孝通记录了他在这个阶段的经历。

1978年,费孝通在二十余年学术生命中断之后获得了"第二次学术生命"。在这个阶段中,费孝通提出了"中华民族多元一体格局"这一有弹性的论述,引领了社会学学科的恢复重建工作,以"志在富民"为内在职志,努力探索中国自己因应世界变局的发展战略。从80年代初期开始,费孝通"行行重行行",接续了他的"乡土重建"事业,走遍中国的大江南北,致力于小城镇建设及城乡、东西部区域协同发展的调查研究。与此同时,他也深感全球化问题的压力,指出我们正处在一个"三级两跳"的时代关口,在尚未完成从乡土社会到工业社会的转型过程之时,又面临着"跳进"信息社会的时代要求,由此急需处理技术的跃迁速度远远超出人类已有的社会组织对技术的需求这一重要问题。在费孝通看来,这不只是一个经济制度问题,同时它也含有社会心态方面的巨大挑战。

20世纪80年代末期,费孝通开始思考世界性的文化关系问题。到90年代,这些思考落实为"文化自觉"的十六字表述:各美其美,美人之美,美美与共,天下大同。在全球社会前所未有地紧密接触、相互依赖的情况下,"三级两跳"意味着不同文明状态和类型的社会被迫面对面相处,这必然引起如何构建一种合理的世界秩序的问题。"文化自觉"既包含了文明反躬内省、自我认同的独特观念,有中国文化"和而不同"理想的气质,同时亦是一套有特色的社会科学方法论,含有针对自然／文化、普遍／特殊、一致／差异等一系列二元对立观的不同见解。值得指出的是,这一晚年的思想洞见其实渊源有自,早在其青年时代,人类学与跨文化比较就一直是费孝通内在的视野和方法,这使他从来没有局限于从中国看中国,具体的社区研究也不只是"民族志",因此他20世纪50年代前写作的大量有关英国和美国的文章,都是以杂感和时论的形式创造性地书写西方,并由此反观中国的历史与现实,加深他对中国社会总体结构的原则性理解,也正是在这个意义上,他才会把《美国人的性格》一书称为《乡土中国》的姊妹篇。

* * *

费孝通一生以书生自任,笔耕不辍,著作等身,"费孝通作品精选"即从他七百余万字的著述中精选最有代表性的作品,凡12种,三百余万字,涉及农村农民问题、边区民族问题、文明文化问题、世界观察、学术反思等多个层面。其中,《江村经济》《禄村农田》《乡土中国》《生育制度》《美国与美国人》《行行重行行》等,均在作者生前单行出版过;《留英记》《中华民族的多元一体格局》《学术自述与反思》《孔林片思:论文化自觉》,则是根据主题重新编选;

《中国士绅》1953年出版英文版，2009年三联书店推出中译本；《茧》是近期发现的作者1936年用英文写作的中篇小说，为首次翻译出版，对于理解费孝通早期的学术思想与时代思潮的关系提供了难得的新维度。

除首次刊印的个别作品外，均以《费孝通全集》（内蒙古人民出版社，2009年）为底本，并参照作者生前的单行定本进行编校。因作者写作的时间跨度长，文字、句式和标点的用法不尽相同，为了尊重著作原貌和不同时期的行文风格，我们一仍其旧，不强行用现在的出版规范进行统一。

此次编辑出版，得到了作者家属张荣华、张喆先生的支持，也得到了学界友人甘阳、王铭铭、渠敬东、杨清媚诸君的大力帮助，在此谨致谢忱。

生活·讀書·新知 三联书店
2020年9月

谨献给保拉和杰克,
因为他们是我的好朋友,还因为我在致辞里已经把家人的名额都给用完了。

谨献给所有的评论家,
因为只有不领情的人才会在得到本书的题献后还抨击它。

玛格丽特·派克·雷德菲尔德

目　录

导　论 _ 1

第一章　士绅与皇权 _ 15

第二章　文人当官 _ 28

第三章　士绅与技术知识 _ 47

第四章　中国乡村的基本权力结构 _ 59

第五章　村、镇与城市 _ 72

第六章　乡村生计：农业与手工业 _ 86

第七章　乡土社区的社会侵蚀 _ 100

编后记 _ 111

附录

生活史 六位士绅的故事 _ 113

编者说明 _ 115

文人 王议长 _ 118

军人 朱司令官 _ 135

官僚 张科长 _ 157

商人 丁镇长 _ 173

土匪 杨队长 _ 185

改革家 刘崇道 _ 204

译后记 _ 219

出版后记 _ 225

导 论

一

许多西方读者都知道，费孝通写过一本关于一个中国乡村生活的书❶，这本书篇幅虽短，但具有启蒙意义；还有一本有关中国西南部工农业方面的更为成熟的著作❷；再有就是涉及本书主题——中国士绅的那篇引人注目的文章❸。在中国人看来，费先生还是一位睿智的师者、社会学实地研究领域的先驱和带头人，是著述广泛、善于言辞并为解决中国诸多社会问题而勇敢行动的人。他在伦敦获得博士学位，师从马林诺夫斯基。在抗日战争期间，一些中国学生和学者聚集云南，继续从事科学和学术活动，费先生回国后也加入了他们的队伍，他的第二部著作就完成于此地。日本战败后，他回到母校（即位于北平的清华大学）执教，我曾于1948年

---

❶《江村经济——中国农民的生活》，伦敦：劳特里奇与基根·保罗出版有限公司；纽约：杜冬出版公司，1939年。
❷《被土地束缚的中国》，芝加哥：芝加哥大学出版社，1945年；伦敦：劳特里奇与基根·保罗出版有限公司，1948年。
❸《农民和士绅——中国社会结构及其变迁的一种解释》，载于《美国社会学学刊》第52卷第1期，1946年7月，第1—17页。

秋做过清华大学的访问学者,在那里我和夫人与他恢复了旧日的联系。

本书取材于费先生1947年至1948年间发表在中国报纸上的文章。1948年秋,费先生向我夫人翻译并口述了这些文章的大致内容,他不时停下来与我的夫人讨论口述内容的要点,并在讨论中做了某些修改和扩展。在他口述和修改这些文章的时候,共产党军队已经包围了北平。费先生怀着对共产党即将当政的强烈憧憬和满腔热情,仓促完成了这项工作。人们料想共产党将很快占领各所大学和整座城市。1948年12月,清华大学的大部分学生和许多老师都期待着共产党的到来,以求从压抑和痛苦中解脱出来,并认为这是运用聪明才智去改善中国社会和政治条件的新的机会。虽然他们也怀有恐惧,但由于已充分了解国民党政府的腐败和暴虐统治,希望还是战胜了恐惧。一向乐观而勇敢的费先生当时所持的观点是:他可以和共产党人一起有效地工作,不过,当他认为需要进行批评的时候,他会继续批评。但是,像清华大学的其他人一样,他并没有把即将到来的中国共产党的政府想象成斯大林主义俄国式的统治。在他心里,共产党人和自己一样是中国人,是他的老朋友或学生那样的人。他在收音机里听到了共产党向北平市民所做的美好承诺。所以,他告诉我们,他希望成为与共产党政府"忠诚对立"的一部分。他早已不被两党中的任一方所宠爱。在云南的时候,他曾被国民党政府以逮捕相威胁,并在一次公众集会上,因斥责蒋介石的统治而受到攻击。另一方面,北方的共产党也因他出版的某些文章而对他进行猛烈抨击。然而，总的来说，费先生认为他关于发展中国工农业的观点是符合新政权的利益的，在政权更替后，他仍能继续为中国而工作、为中国说话。这里汇集的几篇文章就是他满怀着这一近乎信心的希望口述的。

我和夫人1948年12月离开北平，至今三年多来我们一直没有费先生的音信。从其他人那里我们仅得到了很有限的消息。听说共产党占领北平后，毛泽东请费先生负责一个有关城市重建问题的研究项目，费先生应允并开始了工作。他发表文章赞扬中国的"新民主"，还加入了政府性质的委员会，成为其中的一员。后来，他奔赴中国西南部——那是他曾在抗日战争期间工作过的地方，在那里从事对某些偏远社区的研究。后来又有消息说，他已重返清华大学了。

自从他向我夫人口述这些文章的主旨后，这本书的形成和出版再也未经他的任何介入。很明显，他是乐于保持这样的状况的。由于与西方人接触会给他带来尴尬和危险，因而我们不再通信。我的夫人对她自己的记录进行了编辑，并且还怀着强烈的责任感对某些部分做了顺序调整，添加了注释，甚至添加了一些短语和句子——因为她相信，这样会使费先生所要表达的意思更明确。需要强调的是，本书表达了费先生将要从革命中国跨进共产主义中国时所持有的观点和看法。当他写这些文章时，他的许多学生（其中很多我都认识）已开始激动不已地并且毫无束缚地投入到重建自己国家的新契机中去了。他们中很少人读过马克思的著作，大多数人把国民党政府看作压迫者,而把共产党人看作解放者。

二

当费先生口述这些文章的英文译文时,他是希望英语读者去阅读它。像其他具有良好愿望的知识分子一样,他希望中国能被西方读者所理解,并且相信他要讲的是一些其他书中不曾讲到的关于中国的问题。但是,当费先生最初写这些文章时,他是在与中国人对话。这一事实在此英文版本中并没有改变。费先生在报纸上发表的文章有很大的读者群,包括各种各样的人,大多数既非农民也非知识分子。他们都读过费先生讲到的中国社会问题,而且都很欣赏。这些发表在报纸上的文章唤起了中国人的责任感,使他们意识到自己的事情要由自己来解决,从而维护自己的利益。因此,对于西方读者来讲,本书包含有一种关乎中国问题的不同寻常而又价值无比的见解,这是一位受过西方教育的中国人献身于解决中国问题的事业当中,对这些问题的某些方面进行分析,以使他的同胞能够得到更清楚的认识。这些文章表达了一个中国人对中国的看法。这样做并非是在给事物贴上好坏的标签,而是帮助中国人理解他们当下所面临的困境。费先生是在对他的同胞讲:"看,这是近几年来发生在我们身上的事。这是真正的革命。这就是令我们裹足不前的所在,认识它，了解它，然后就可以有所作为。"长期以来，美国人一直认为中国只不过是美国外交政策的一个对象，中国的发展取决于美国人而非中国人怎么做。对于他们来说，这本书无疑体现了一种全新的观点。在本书中，中国人把中国的问题看作他们自己要解决的问题，而解决这些问题并不能依靠政治上的一边倒——倒向俄罗斯或倒向美国，而要靠改革，要由中国人来改革自己的制度。

当然，本书只涉及了中国的某些问题。费先生研究了传统社会结构的某些方面以及发生在这一结构中的给中国造成困难的某些变化。这些变化的发生主要是西方影响的结果。因此，本书与中国的社会革命有关，它是以君主专制的灭亡、孙中山所领导的民主共和革命运动以及中国共产党夺取政权等历史事件为基础的。本书确实可以帮助我们理解中国共产主义运动是如何赢得中国的。

三

由于这些文章独立成篇，其共同主题并非显而易见。文中有两条相互交错的线索：其一是传统社会中文人和士绅的作用，其二是乡村和城市之间的关系。前四篇文章主要讲第一个主题。文人和士绅要相提并论，因为文人大部分（并非全部）来自士绅，而士绅也靠他们中的某些人是文人而发挥作用和享受社会地位。文人是精英，而士绅属于社会经济阶层。第一篇文章讲述文人如何通过做官来为他们自己以及亲属赢得安全。第二篇文章描述了从文人到官员的这种调整的发展历史和文人如何看待他们与集权统治的关系以及如何以他们自己的哲学来对此加以解释和论证。第三篇文章转向了为什么中国没有经历重要的技术发展这一问题。在这里是从他们对于规范知识的独特关注的视角而对文人或者说是知识分子做了考察。知识分子毫无技术知识,他们依靠别人的劳动,对生产活动毫不关心。所以统治阶级缺乏那种能够增进人民的物质条件的知识。与第一、第二篇文章一样,第四篇文章的关注点是士大夫在帝国的权力中作为中介的功能。但是现在的注意力指向了士绅中受过教育的人,他们仍住在地方社区当中,以私人的以及法律以外的方式,同那些正式承认的、在官府中担任最低职位的官吏打交道。文人士绅发挥的这种关键作用,使得皇权统治得以施行,并且维护了村庄的传统社会组织。这篇文章继而进一步讨论了保甲制度(该制度当时刚被国民党重新提出,后来又被共产党废除),以此探求中央权威如何对地方社区施加直接影响,并要表明这样的做法为什么注定要失败。

第五篇文章显然是一个新的起点。费先生在这里不再继续探讨城乡之间的行政关系,而是论述了城乡之间的经济关系。这里没有明确提及文人士绅关系,但实际上都是存在的。费先生告诉我们说,城乡之间的经济关系给乡村带来不利影响,因为城市靠从乡村收取地租和利息而生存,却不把乡民们所需要的以及所能够消费得起的产品提供给他们。此时我们必须记住，正是这些士绅把地租和利息装进自己的口袋，并且不断地去购买由西方而不是中国制造出来的商品。费先生把城镇分成几类，指出每一类是如何仅仅满足士绅（和皇权势力）的利益而不给乡村带来任何好处的。衙门围墙式的城、集镇以及通商口岸，都为从经济上剥削乡村提供了机会。因此，乡民们的劳动产品中很大一部分是用来供养士绅阶层，但士绅们不再购买农村的手工业产品，却转而青睐洋货，这样便毁灭了能给乡民勉强糊口的生活带来些许改善的小手工业。

第六篇文章进一步论述了城乡交换的不尽如人意以及引进洋货后这一情形的进一步恶化。第七篇文章继续论及西方影响给中国陈旧的社会经济制度造成的混乱，最后又回到文人及其在中国社会中的作用这一问题上来。在最后的这些篇幅里我们注意到，受过西方教育的现代知识分子并没有取代旧知识分子。他们没有回到既无社会地位又无事业可谈的乡村中去，而是留在城市里，因此乡村流失了一些最优秀的人力资源。一些乡民变得越来越贫困，他们脱离了乡村群体而成为流浪的强盗，或者是像中国过去一再出现过的那样，成为叛乱分子。这一系列文章收笔于共产党准备开始"镇压反革命"以及朝鲜战争爆发的前几年。这是一份对中国众多问题的诊断书，是希望共产党能带领人们解决这些问题的一份宣言书。

四

本书给西方读者阐明了中国近期的政治行为,并指出,西方企图阻止共产党和毛泽东政权上台的失败,是由于蒋介石的国民党没能挽救中国人民于每况愈下的处境,而对于许多美国人来说也未能理解这一危急形势。同时,对于通常认为中国受益于引进西方技术和资本的观点,本书也做出了相反的回答。

依照这一分析,读者首先认识到,如果假设对于中国人来说,传统上中央政府对中国人的意义与政府对美国人和西欧人的意义一样,这是很不智的。我们在与中国政府打交道时,总是假定中国人认为这些政府是代表中国人民的。如果我们一开始就假定,即从传统的意义上说,中央政府对人民而言,通常是潜在的危险的捕食者,是"老虎",这也许会更接近于真实。随着孙中山的革命运动,出现了代表民众、用宪法限制自身权力的政府。不过,在中国人看来,代表民众的美名在过去的十年中由国民党转移到了共产党身上。由共产党所发动和领导的人民代表大会、不计其数的委员会和讨论,使中国人感受到,自己在共产党掌权后直接参与了政府,这是他们在漫长的帝国时代里从未经历也几乎没敢要求过的。

其次,从这些文章中我们了解到,中国人对于掌握政权、施行建设性和有效的国家统治是何等地准备不足!我们许多人加入马歇尔将军的队伍,呼吁中国受过教育的自由派领导中国，建立起一个既非共产主义的、也非腐化堕落的政府。但是我们并不了解，这些自由派实质是这些传统东西的继承人。至少从孔子时代开始，中国受过教育的人已经和伦理教条（或者如费先生所称谓的"规范知识"）而非政治行为联系在一起。实际上，正如费先生特别在第一篇与第四篇文章中明确阐述的那样，在中国，良好的政治策略是使皇帝的政治权力自然化，而不是要去控制它。他说，"无为"成为政府体制约束的同义词。因此，作为官员的文人，在制定国家政策上无所事事；行政的效率并非像西方那样体现在技术的效率上，而是体现在为保持地方不过多地受到中央政权的干扰而进行的个人游说的技能上。一个具有这种传统的受过教育的精英，没有任何政治权力或制定政策的经验，从生活方式和阶级地位上脱离了农民身份，我们很难想象这样的人能把中国从内战的混乱中解救出来，因为受过现代西方教育的中国人也只不过是中国漫长的帝国时代的文官的传续。

古代的体系并非基于经济的公平，但可行，可行到如果没有自然灾害和战争，农民就可以有一定程度安全感的地步。在农闲季节，多余的劳动力从事手工业可以带来额外收入。他们必须供养士绅，但是在与帝国权力的代表人物交涉以避免厄运时，他们所供养的这一阶层中的文官对他们又是有用的。并且，如果一个农民既勤劳又幸运，他也许能在有生之年看到自己的儿子或孙子成为文人和官吏，那么，他自己的地位也会因此而提高。古代圣人的教导便是通过这些文人来传递给农民的，并且一次又一次重新界定农民和士绅都共同认可的道德目的的意义。孔子"无欲"的理想既调和了农民对于命运的伦理思想，又限制了皇权，否则皇权将毫无节制。

从政治的角度看，如果我们把这种统治叫作民主或独裁，那就可能歪曲了事实。在决定本村的事务时，众多村民的参加几乎并非平等的参与。士绅单单凭借他们在经济上的实力而对当地生活造成的影响就是相当巨大的。中央政府的威权主义有时存在，而且的确十分专制，但这种统治理论上是根基于道德权威而非武力，儒家学说曾多次指出过这一点。正是一种理想而非专制主义的存在这一事实影响到了这些现实，这与在美国人人平等的理想影响到了美国的那些现实是一样的。

因此在传统的中国，士绅和农民的对立局限在一定的范围之内：他们经济上互相依赖；在某种程度上，他们之间可以流动；在同皇权打交道时互相合作；享有共同的伦理概念。那么，这一体制发生了什么而导致了中国一场真正的社会革命？费先生并没有在书中对这一问题或任何其他问题做系统研究，但的确暗示了部分的答案。中国在与西方接触的过程中发生的变化破坏了这种体制，使其丧失效力，并使士绅和农民之间不平等的生活差异变得更为严重。费先生没有讨论占世界人口三分之二、主要居住在亚洲、食不果腹、过度劳累的人民的伟大觉醒所带来的影响，但对此做了假设。这一觉醒是当今时代的一件大事：无处不在的被压迫者对现实新生的不满与日俱增。费先生将物品（而不是资本）的进口和新学的出现这样的特殊影响看作是首当其冲的。费先生确信，西方资本主义在中国的发展对老百姓有害无利。随着士绅们逐渐培养起对洋货的品味，当他们中的某些人在与西方贸易的过程中发现新的发财之路时，他们便会开始用收取地租和利息得来的钱去购买洋货。农民的手工业品失去了市场，并且通常很难将除自用之外有幸剩下的农产品拿到集市上去出售。无论费先生的描述是否能站得住脚，近几年到过中国的人都不难感受到某些凄凉之处，许多中国人正是带着这种凄凉来看待上海以及其他通商口岸的：在那里居住着享有特权的中国人或洋人，他们"为享受荣华富贵而榨取中国人民的财富"。因此，在这种背景下，国民党和共产党的斗争就不是被看作中国被国外的势力或意识形态所征服，而是来自传统的靠收取地租和利息生存的特权阶层和农民的内部冲突。

接受现代教育的中国人，越来越同情农民而反对收取地租的阶层。他们开始寄希望于毛泽东，希望他的改革能祛除某些严重经济不平等现象。他们看到了可以用自己掌握的专门的科学知识去解决城乡互惠互利问题的那种机会。他们着力解决如何巧妙地在中国实施工业化，从而使得普通民众可以受益这一问题。他们开始发现自己个人的和职业上所面对的问题是何等地重要，那就是要学会政治上的行为方式，要帮助制定乡村社区的公共政策，还要与在传统上跟他们分离开来的农民并肩工作。

费孝通本人出身于士绅阶层，他所写的这些文章可能是那些想着民众的福利、主张依靠科学解决中国问题的人们的先声。他在西方学习和逗留期间逐渐认识到："该做点帮忙的事情了。"这一立场对传统中国知识分子来说有些生疏，他同国内另外几个人因此遭到其他知识分子的批判。由于他对美国的民主和英国的社会主义感兴趣，认定中国人要负起经济与社会改革的责任，所以才会写下本书中所收录的文章，这里有一部分原因就是考虑到持怀疑态度的国民党政府可能不允许他去进行实地的田野研究。这些文章实际上委婉地批判了国民党政府的失败。费先生今天是否有依其信念的言行自由，本文作者不得而知，但认识费先生的人都确信，他会尽其可能继续不畏艰险、鞠躬尽瘁地帮助中国人民的。

五

费先生对中国经济和社会问题的解释的正确性可能会引起批评意见。这是其他人和其他书要做的事了。本书的另外一个方面也许同样会遭到批评，那就是对本书所参考的中国古典文献的运用和解释方面。这些文献尤其在前两篇文章中居多。在我看来，费先生在文献学和哲学方面理解的正确性，从本书的一般脉络上来看，并不及他运用了中国经典这一事实来得重要。古代的文人学士已离我们而去，无法再永垂不朽。费先生转而憧憬共产主义，他深知共产党人的主张与儒家思想相左，他们是坚持马克思主义的。然而他引用古代诗人和哲人的语句来向他的"纯朴的人民"阐明自己的观点。他竟然还引用到了李林塞尔、理查德·亨利·托尼和索罗金！本书的字里行间向我们讲述了在革命浪潮转折时期，合乎中国文人信念的思维方式。

六

本书除了费先生的七篇短论外，接下来是六篇中国士绅的生活史，由周荣德先生于1943年至1946年间在云南搜集整理。周先生已将其译成英文并惠允我加进本书中来。从这些个人生活经历的角度来说，这些描述似乎向我们展示了费先生所概括的传统士绅阶层作用的一些主要性质，其作用大可说是利弊参半。在本书的145页至148页（中文版为115—117页。——编者）有对这些生活史的进一步评论。

一位中国社会学家对我和夫人说："当一位中国社会学家为中国人写作时，他的写作风格与为美国人写作时截然不同。"这一见解暗示了西方的社会科学和中国人的传统思维方式相融合时某种程度的不完全。这也有助于解释为什么我的夫人在正文中保留了费先生引用的众多中国古典文献，并在脚注中对其中一部分加以解释说明。这些引用对汉学家来讲完全多余，它们是为了帮助非汉学家的读者去认识费先生某些引述典故的出处的。

对于那些曾用英文写作并以英文形式（姓氏在后）注名

的中国人的姓名,我们姑且沿用这种形式。其余的名字我们仍按中国人的习惯,即姓氏在前。

在准备本书原稿的过程中,威廉·霍兰德先生和太平洋国际学会(该学会曾为费先生研究中国士绅阶层问题提供帮助)给予了我们指导和鼓励,我和夫人在此深表感激。费正清教授、小马利恩·利维博士、德克·卜德博士、劳埃德·沃纳和索尔·塔克斯博士都阅读了本书,并提出了宝贵建议;李树清博士在汉语语言和中国历史以及生活史编辑工作方面多有建议——我们在此都一并表示感谢。以上诸位对本书的内容和形式不负任何责任。

罗伯特·雷德菲尔德
1952年5月于芝加哥大学

第一章

士绅与皇权

"士绅"这个词,指的是在中国传统社会中占有一定地位、发挥一定功能的一个阶层。这里所谓的"传统社会"是指临近公元前3世纪时封建制度解体之后,由中央集权一统天下的帝国时期。士绅阶层有其自身的发展历史,只有通过这一历史,我们才能了解其特征。

本书所讲的士绅阶层有时也被称为"士大夫"。实际上,虽然士绅阶层与士大夫群体紧密相连,但仍应把他们区分开来。出身于士绅家庭,并不能确保此人将来一定会成为中国传统社会中的文人或官员。在封建时代,情形便不大一样。封建时代的贵族和平民之间存在不可逾越的鸿沟。"士"❶ 和

---

❶ "士"这个字"英文经常译成'scholar'(学者),这只是一个引申出的比喻义,实际上此词与军事有关,是'骑士'的意思,如果我们不这样理解,《论语》中很多篇幅就会完全丧失意义。'士'是可以乘战车奔赴战场的,而普通士兵只能徒步其后。孔子打了一个比方,这个比方所指的人与有着'救世军'称号的人是相似的,孔子把英勇护卫其道的人称作'骑士'。因此,在后来的汉语中,这个词用来指拥护孔子思想的人,最后统指文人。《论语》中大多数关乎'士'这个字的重点都是指需要像战士中的骑士一样具有那种忍耐力和不屈不挠禀性的卫道士"。引自《论语》英文版,阿瑟·韦利译,伦敦:乔治·艾伦与昂温出版公司,1938年,第33—34页。

"大夫"❶虽然处于统治阶级等级体系的最底层，但他们仍属于统治阶级的一部分，并拥有真正的政治权力。但封建制度解体后，政权不再分散，而是集中在最高统治者一人手里。为了实施管理，最高统治者需要辅佐。这种辅佐是由官吏来提供的。因此，这里的官吏不再是统治者的家族成员或亲戚，而是他的雇佣，即仆人或者统治工具。

封建制度解体后发生了另一重要的变化，皇权成为强者、权力追逐者竞相争夺的目标。在封建制度下，政权分配给统治者的亲戚和家属，出生在贵族家庭之外的人是平民，他们永远没有机会登上王位，没有机会触摸君王的神圣用具，甚至连看的机会也没有。平民要想成为皇室的成员就像女人要变成男人一样不大可能。但是，封建制度解体后，任何人都有可能成为皇帝。这样，政治权力就成为大家争夺的目标。历史学家司马迁描述过这样一个故事：秦朝（公元前221年—公元前206年）时的项羽在观看皇家列队时对他的朋友说："彼可取而代之。"从那以后，争夺政治权力的斗争从来就没有停止过。政治权力在人们的眼里已成为竞相猎取的宝贝，要做大买卖的就干这个。

不幸的是，中国封建制度里解放出来的政权，固然不再专属一姓、万世一系了，但是到现在还没有找出一个夺取政权的和平方式。我们一说起夺取政权，就忘不了"揭竿而

---

❶ "大夫"：封建制度下地位较低的官吏。

起"的内战手段。武力争夺的方式下,政权变成了"成则为王、败则为寇"的夺宝对象。夺来夺去,以暴易暴,总是极少数人统治着其他的人民,专制的皇权并没有在政权的传承和接替中发生任何性质上的改变。我们不像英国——杀了一个皇帝,皇权减少了一些,民权抬了一些头;赶走一个皇帝,皇权又减少了一些,民权再抬一些头;最后竟成了个挂名皇帝,取消了皇权——但是,在传统中国只有"取而代之"的故事,流的是人民的血,得到宝座的却是少数幸运的"流氓",像下层农民出身的汉朝开国皇帝刘邦、明朝开国皇帝朱元璋等一派人物就是。在官方修撰的史籍上,固然有着一脉相承的正统;可事实上,大小规模的内战和肆无忌惮的冒险者恐怕是经常的现象,史不绝书,不断挑战着统治者的权威。

以武力争夺政权是危险的事。成固然可以称王,败则只有一死;非但一死,而且还会灭族。当他向当政的皇帝提出挑战时,他就成为寇匪或反贼,军队会冲他而来。况且,通过暴力得来的政权可能也会因暴力而丧失。历史上曾有过两次,依照传统,皇帝试图把政权让给他认为是更好的统治者的人。但是那些人并不想得到政权,他们宁可远离而不愿肩负责任。我们无从得知这两位皇帝让出政权的诚心有多大,也不清楚在何种程度上,这不过是一种姿态或是复杂的政治阴谋。但是有一个事实无法否认:中国有记载的历史中,没有一个皇帝主动退位让出皇权;曾经有过让位的例子,但那是出于被迫。常言道:马背上得天下,亦只于马背

上失天下。❶

想当君王实际上是拿生命去冒险。王位继承人肯定要保住其继承权。作为皇帝应该仁慈，他可以赦免其他所有罪行，而唯独不能对谋反篡权罪手软。谋反是天底下最可怕的事。任何读过明朝初期历史的人都知道，书中描写的对谋反分子施加的酷刑仿佛是在地狱中发生的一样。我们在城隍庙里所见到的"十八层地狱"的形象，据说是写实的，是明史的标本。酷刑的威胁便是皇帝的保护伞。记得小时候，有一次我在玩耍中大喊了一句："我是皇帝！"祖母急忙阻止我说："这是不能说的！"她并不是迷信，也非过于小心，而是意识到信口一句话会带来的实际的危险。至少依照传统来看，皇帝常会把那些据算命先生讲长大会做皇帝的孩子杀死。

但是，武力的威胁并没有真正有效地保护皇权。正如老子所言："民不畏死，奈何以死惧之？"当通过暴力夺取政权成为可能时，王权就变得异常诱人。虽然统治者的暴行可以使多数人保持沉默，但压迫永远也不会完全奏效。在予

---

❶ 此句源于汉代开国皇帝高祖与儒生陆贾的故事。"公元前196年或前195年，陆贾出使回来后，据说他对高祖引述了《诗经》和《书经》的话。高祖责备他说：我从马上得到天下，何必计较《诗经》和《书经》呢！（乃公居马上而得之，安事《诗》《书》！）陆贾则回答道：您可以在马上得天下，但是您能在马上治理天下吗？（马上得之，宁可以马上治之乎？）然后，他引经据典，历数古代帝王由于暴虐丢掉王位的史实，直到高祖推翻的秦朝。"引自班固《汉书》英文版，德效骞译，巴尔的摩：韦弗利出版社，1938年，第1卷，第21页。

取予夺的专制皇权下，政权可以用来谋取私人的幸福，社会也可以从顺逆的界限上分出敢于冒大不韪的人和不敢冒大不韪的人。那么，有人就会问了，敢与不敢这样的事情是怎样决定的呢？

在专制政权之下，人民只有义务而没有权利，皇帝的话就是法律。皇帝如果想要建造一座宏大的宫殿、巨大的陵墓，或是挖一条大运河，他不会顾及百姓，只是下令让手下人去做。如果他想开疆拓土，就会命令军队去动员，不管人民愿不愿意。赋税和兵役都是百姓难以接受的负担，并且没有任何的补偿。生活在暴虐的专制统治下的人们很容易理解孔子的"苛政猛于虎也"这句话。❶这种比老虎更可怕的暴政在中国有很长的历史。所以我们说，这政治老虎出了栏，就会吓得人逼上梁山了。❷

---

❶ "当他们（孔子和他的学生）路过泰山时，发现一个妇人在坟前哭。孔子停下脚步，让学生前去打探原因。妇人说：'我的公公和丈夫都在这里被老虎吃掉了，如今我的儿子也没能逃脱这个厄运。'当问她为什么不离开这个不幸的地方时，妇人说这里没有官府的压迫。孔子对学生说：'记住啊，学生们，残暴的统治比老虎更可怕。'"（孔子过泰山侧，有妇人哭于墓者而哀。夫子式而听之，使子路问之，曰："子之哭也，壹似重有忧者。"而曰："然。昔者吾舅死于虎，吾夫又死焉，吾子又死焉。"夫子曰："何为不去也？"曰："无苛政。"夫子曰："小子识之，苛政猛于虎也。"）出自《礼记·檀弓》，引自《中国典籍》第1卷之"孔子生平"，理雅各编译，伦敦：克拉伦登出版社，1895年，第2版，第67—68页。
❷ 梁山典故出自中国古典小说《水浒》，该书讲述了各色人等为逃避官府压迫而聚集在一起，杀富济贫，公然反对官府的故事。事实上，这类故事有深厚的现实基础。例如，班固在《汉书》中写道，陈胜（字涉）是一名有鸿鹄之志的农民，后来成为今属河南南部征募上来的兵卒的屯长……公元前209年夏末，一场大雨使得他们无法及时到达目的地。（转下页）

专政统治的威胁对所有手无寸铁的人来讲,其威力都是一样的,但常常也有不同。富人可以用银子来买安全。比如,古代中国的征兵制度中有用银子来代替服兵役的做法。古诗中描写的支离破碎的家庭绝不会是富人家。❶因此恰恰是出自贫民阶层的人变成了政治上的冒险者。

财富的占有和匮乏是导致沉默和反抗的重要原因。"人怕出名猪怕壮。"当政治猛虎出击的时候,富有者比穷人更难以逃脱灾难,这时候财富变成了负担。富贵人家善于对"老虎"察言观色,而绝望的穷人也许会揭竿而起,或是落草为寇,甚至迟早直接向皇权发起挑战。一个有家室、有财产的人不会轻易这么做,他必须设法摆脱"老虎"的攻击。不幸的是,正如古人所言:"普天之下,莫非王土;率土之滨,莫非王臣。"那时出门可不容易,不能跑到华盛顿或巴西,也不可能在任何一个通商口岸寻求国际避难,甚至也没有香港这类地方。在地理空间上是无处可逃的。但也许并不

(接上页)根据秦朝的法律,他们都将被处死。于是他们共谋起义大计。他们谎冒被废的皇太子扶苏的拥护者,通过编造鬼神启示来使他们的行为具有正当性。因此这一起义最初并非直接要反抗朝廷,而仅仅是一帮被严刑峻法逼上绝路的人的负隅之举。

❶ 这首古诗名为《十五从军征》,全诗如下:"十五从军征,八十始得归。道逢乡里人:'家中有阿谁?''遥看是君家,松柏冢累累。'兔从狗窦入,雉从梁上飞。中庭生旅谷,井上生旅葵。舂谷持作饭,采葵持作羹。羹饭一时熟,不知贻阿谁。出门东向看,泪落沾我衣。"引自《中国诗歌》,阿瑟·韦利译,伦敦:乔治·艾伦与昂温出版公司,1946年,第51页。(参考林庚和冯沅君主编《中国历代诗歌选》[上编],第1册,人民文学出版社,1983年,第128页。——译者注)

完全如此，毕竟我们知道有些人在早年就逃到了朝鲜或日本。但是，一般人只能在现有的社会体制下寻找自我保护的途径。

不过，这种集权的专制统治有一个弱点，正如我说的那样，掌握政权的皇帝，不能独自管理国家。即使他不愿意让别人分享权力，他仍需要任命官吏做助手和代理，协助其实施统治。这些官吏与皇室没有亲戚关系，如同皇帝的雇佣，他们没有立法权，只有行政管理权。在这种效率低下的制度下，普通百姓才有机会产生私欲。

在秦朝统一国家（公元前221年）以前，确实曾有些人想要建立一个富有效率的行政机构。这是受到了法家学派的思想的影响。从理论上来讲，这一学派提出的体系是好的。❶

---

❶ 韦利在《道及其力量》一书中以"实在论者"为题讨论了法家学派执掌权力的社会背景（伦敦：乔治·艾伦与昂温出版公司，1934年，第68—86页）。尽管法家的制度认识到了"法治"的重要性，并且努力使政府的运作更具效率，但这对西方倡导自由主义者来说并不具吸引力。戴闻达翻译的《商君书》（伦敦：阿瑟·普罗赛因出版公司，1928年）一书，据说是由商鞅（又称卫鞅、商君）所写，它表达了法家的极端观点。戴闻达评论道："仅仅是为了强制人们遵守由自然道德律所建立的标准，并要在理论上贯彻的那种法律，现在则成了实施由国家所建立的标准的工具。这里就出现了法律与道德传统之间的撞击。这种法律观念与人们心中正义观念的法典化从来毫无关系，它仅仅是一种刑法和制度，并被看作政府的中央集权和帝国统治的权宜之计而已。这是国家自己日益成长的自我意识的表达。显而易见的是，当我们发现有要颁布法律的愿望的时候，与别处不同的是，这并非是一种未来要保护人民权利和利益的民间愿望的表达；正相反，这恰恰是政府想要保护它自己的权力而想着要颁布法律，因为政府期望如果人民对违反法律所必须承担的惩罚有准确的了解，就会更好地遵守法律；因此，为了达到其威慑性，法律必须极为严苛。"（第81页）

有效率的行政机构必须是一个法制的机构，所有人都要受到同样的法律的控制。作为秦国宰相的商鞅试图要将这一理论付诸实践。可不幸的是，这一理论有一点小小的疏忽——有一个人没有被纳入法律之内，那就是天子。这留在法律之外的一个人却把法家的整个体系废黜了。❶

商鞅因此自己把命丢了，尽管在法律之下，他能够对还只是王位继承人的太子加以惩罚❷，但是太子一当上皇帝就下令将商鞅杀掉，由商鞅建立起来的高效率的体系也使他自己在劫难逃。

如果最高的权威受到了法律的约束，那么行政的权威就能够将这只老虎囚住。但是在中国的历史上，这样的事情从来没有发生过。结果，被统治者——包括官吏自己在内——从来就不追求行政上的效率。实际的情况正是与之相对立。一方面是无效率和寄生，另一方面是天高皇帝远以及

---

❶ 照冯友兰的看法，法家的最高理想实际上是"君臣上下贵贱皆从法"。冯友兰引述著名的法家人物韩非子的话说："故明主之行制也天，其用人也鬼。天则不非，鬼则不困，势行教严，逆而不违。"冯友兰对这一段文字有如下的解释："'明主之行制也天'，言其依法而行，公而无私也。'其用人也鬼'，言其御人有术，密而不可测也。"这种法律观念与西方法律观念之间的沟壑可能就是为什么像冯友兰所说的"大治""在中国历史中盖未尝实现"的一个原因。引自《中国哲学史》英文版，冯友兰著，德克·卜德译，北平：亨利·维奇出版公司，1937年，第1卷，第320—322页。[中文版参见冯友兰《中国哲学史》（上册），北京：中华书局，1961年，第391—392页。——译者注]

❷ 即使在这种情况下，惩罚也仅仅是间接的。"于是太子犯法。卫鞅曰：'法之不行，自上犯之。'将法太子。太子，君嗣也，不可施刑，刑其傅公子虔，黥其师公孙贾。"引自《商君书》英文版"导论"，第16页。

皇帝的无为政策——这一直是一种理想的状态。然而这种政府的理想，即是说一位"好皇帝"应当统而不治，这样的皇帝很少有人能够做到。就官吏而言，退而求其次的办法就只能是保护他们自己，为他们的亲戚开后门，并且还能利用他们的位置作为一种挡箭牌来抵御皇帝的变化无常。要保护的不仅是他们自己，还有他们的亲戚以及整个宗族免遭不受限制的君主权力的侵扰，而且这样做所依靠的并非是宪法或者法律的手段，而是依靠个人的影响力——这就是他们所追求的。有产阶级想要消磨掉皇帝加诸他们身上的权力，并以此来避开这只老虎的攻击，并非是靠对皇帝的权威加以挑战，而是靠亲近皇帝、为皇帝服务，从中获得的一种好处便是能够将皇帝各种要求的负担转移给比自己阶层更低者。官僚及其庇护下的亲友集团由此构成了中国社会所特有的一个不受法律影响的阶层，他们有免役免税的特权。虽然如此，但他们并没有真正的政治权力。

　　逃避自己想要接近的权力之源的支配，需要有高超的技能。官僚的位置并不轻松。正如古语所言："君要臣死，臣不得不死"，还有"臣罪当诛，天王圣明"。他不能怠工而有损皇帝的利益，否则可能性命不保。当皇帝需要钱或劳力的时候，他必须特别卖力来满足这些需要，即通过把整个的政治负担转嫁到平民身上来完成这项差事。但是，一旦这种负担过重，人民无法承受之时，他们便可能起来造反，到时就是这些官僚们首当其冲地受到攻击，由此而成了国君的替罪羊。❶官僚们必须有两套面目：对人民严酷而对皇帝顺从。他们必须知道进退有节，适可而止，以免走了极端而惹恼了皇帝，或者是引起人民的激愤。中国官僚们的生活曾被描述为是在风云变幻的海上运筹帷幄的艺术。代代相传的经验即为人师。应该注意的是，在汉语中所说的"不要打官腔"，并非与英语字面的意思一样，而实际是在说："跟我说实话。"

在平常的日子里，做官并没有什么直接的经济上的好处。在皇帝看来，官员利用自己的职位来致富，不仅意味着腐化皇权所依赖的制度，而且是皇家财富的减缩。因此，除非某位皇帝软弱无能，否则，他是不会容许有这种官员存在的。处在太平盛世的官员不会不合法地从官位上捞到好处，而只会在离任时留下"两袖清风"。❷

---

❶ "所以古人说：龙若离水，虎若离山，便要受人狎侮的。即如朝廷里做官的人，无论为了甚么难，受了甚么气，只是回家来对着老婆孩子发发标，在外边决不敢发半句硬话，也是不敢离了那个官。同那虎不敢去山，龙不敢失水的道理，是一样的。"引自《老残游记》英文版，刘鹗著，林疑今、葛德顺译，上海：商务印书馆，1939年，第114页。

❷ "这一诗意的表达要回溯到明朝的时候，作为省级官员的于谦拒绝同流合污，搜刮老百姓来给朝廷中的达官显贵送礼，而是两手空空前去。这一成语指的是官僚们身居官位及至退休的时候并没有使自己发财致富。尽管有来自反面的压力和做法，这种类型的官员一直是儒家教育推崇的理想典范……19世纪的中国还牢牢记着过去的一身廉洁的官员们。他们的名字家喻户晓，有关他们的故事被世代铭记珍视。因此，杨姓堂号仍旧被称作'四知堂'，源于七个世纪以前发生的一桩逸事。在公元112年，当一位朋友责杨震没有给他的儿子们留下任何东西时，他就回答说：'如果子孙后代把我说成是一位清官的话，那不应该说是什么都没留下吧？'有人向他行贿时说：'现在天色已晚，不会有人知道。'（转下页）

那么，为什么人们还想要做官呢？陶渊明的诗表达了这种感慨：

> 我为什么要去做官呢？
> 只为五斗米折腰。
> 我为什么不归耕田园？❶

陶渊明是一位典型的出世诗人。尽管他富有才气，也很有风雅，但他还是"折了腰"，身居一个官位，仅仅是为了得到那么一点俸禄。为什么这样的人要去接受这样的一个位置，而不是待在他所喜欢的家里呢？事实恰恰是，如果他

（接上页）据记载杨震当时说：'为什么没有人知道？天知、地知、你知、我知。'后来还出了个阳城，他的生活年代要早于道光朝一千多年［实际为唐代，不到一千年；见《新唐书》列传第一百一十九——编者注］。皇帝命令他在饥荒的年代去收税，他拒绝了，并自因于狱中，睡在狱中的一块木板上面。其他许多正直官员仗义执言的古老故事都流传至今。"引自《外来的泥土》，莫里斯·科利斯著，纽约：艾尔弗雷德·克诺夫出版公司，1947年，第95页。

❶ "陶渊明生活在公元4—5世纪，他是一位优秀的崇尚自然的诗人。他曾经做过县令，但无法忍受繁文缛节的束缚。当他的上级郡监察官来巡察的时候，他的情绪一下子爆发出来，说：'吾不能为五斗米折腰，拳拳事乡里小人邪！'说完这样的话之后，他便挂冠归隐。"引自陆志韦著，《中国诗五讲》英文版（英文书名为 *Five Lectures on Chinese Poetry* ——编者注），1935年，第16页。

"误落尘网中，一去三十年。……户庭无尘杂，虚室有余闲。久在樊笼里，复得返自然。"引自陶渊明诗《归园田居》，载于埃米·洛厄尔、弗洛伦丝·艾斯库合译诗集《松花笺》，波士顿：霍顿·米夫林出版集团，1930年，第133页。（可参见林庚和冯沅君主编《中国历代诗歌选》［上编］，人民文学出版社，1983年，第128页。——译者注）

真的表现出自己看不上官职，弃官而去，他就可能成为一位"折臂翁"了。❶ 这就是说必须在"折腰"和"折臂"之间做出选择。做官的必要性有点像打防疫针。正像打防疫针要冒打了过后有不良反应的风险一样，做官就可能要冒抄家和掉脑袋的危险。但是，一旦打了针后，人就可以有免疫力了。这样的比喻略有点不贴切，因为打了防疫针，只能够使一个人自己得到免疫，而做官所能庇护的是一整群的人。结果有时就出现了一大群人资助一个人去读书，以便使他能够获得一官半职；一人升官，鸡犬安宁。

在中国传统社会中，宗族和大家庭自然就构成了这样的一个团体，这个团体所做的一件事情就是供其中一员去上学，一直到他考上了功名，得了一官半职，一族人就有靠山了。若在朝廷里没有靠山，在乡间想保持财产是困难的。顾亭林是明朝的一位官员，当改朝换代成了清朝，他拒绝再任官员，深居简出，闭门读书。但是为了安全和保障，他还是不得不派两名外甥到朝廷里去侍奉他的敌人。正如我们已经说过的，这之所以可能做到，是因为中国官员不是与皇帝分

---

❶ 白居易于公元 809 年在《新丰折臂翁》这首诗中写道："皆云前后征蛮者，千万人行无一回。是时翁年二十四，兵部牒中有名字。夜深不敢使人知，偷将大石锤折臂。张弓簸旗俱不堪，从兹始免征云南。骨碎筋伤非不苦，且图拣退归乡土。此臂折来六十年，一肢虽废一身全。至今风雨阴寒夜，直到天明痛不眠。痛不眠，终不悔，且喜老身今独在。不然当时泸水头，身死魂孤骨不收。应作云南望乡鬼，万人冢上哭呦呦。"引自《中国诗歌》，韦利译，第 129—131。（中文参见《白居易诗译析》，霍松林著，黑龙江人民出版社，1981 年，第 152—153 页。——译者注）

享政治权力，是通过淡化和弱化而非支持其权力来服务于君主。外甥做官，保障了舅舅的安全，甚至使舅舅能安心地去下革命的种子。中国传统的官吏并不认真做官，更不想终身做官：打防疫针的人绝不以打针为乐，目的在免疫和免了疫的健康。中国的官吏在做官时庇护其亲友，做了一阵，他任务完成，就要告老还乡了，即所谓"归去来兮"那一套。退隐山林是中国人的理想。这时，上边不必再小心伺候随时可以杀他的主子，周围是感激他的亲戚街坊。此时他只需要享受他的社会声望，生活富足，心宽体胖。正如中国人所说的，"衣锦还乡是人生活中最美好的事情"。❶ 他绝不冒险去觊觎政权，他的孩子都不准玩"做皇帝"的游戏。他更不想改革社会制度，因为这种社会制度对他并没有害处。一旦他脱离开皇权的限制，他就可以享受地主的经济权利。

这种人就是我所谓的"士绅"。士绅可以是退任的官僚，或是官僚的亲属，甚至可以是受过教育的地主。在任何情况下，他们都没有左右政策的实际的政治权力，可能与政治也没有任何直接的联系，可是他们常常有势力，势力就是政治免疫性。统治者越可怕，越像猛虎一样，士绅的保护性的庇护作用就越大。在此情况下，托庇于豪门才有命。

---

❶ 白居易曾作诗来形容他辞官还乡后的舒适生活，诗中写道："重裘暖帽宽毡履，小阁低窗深地炉。身稳心安眠未起，西京朝士得知无。"引自《中国诗歌170首》，韦利译，纽约：艾尔弗雷德·克诺夫出版公司，1919年，第239页。

第二章

文人当官

我在第一章里试图分析士大夫在政治结构中的地位。我的观点是,自从大一统的集权政治在公元前3世纪确立之后,士大夫阶层从未试图掌握政治权力,即使做了官,也从未行使过政策决定权。在封建时代,主权属于贵族;在皇权时代,主权属于皇帝。这样就产生了一个问题,即为什么中国历史中不曾有过贵族权力复兴或中层阶级执政的政治结构?要回答这个问题,我们必须研究士大夫这个阶层的政治意识以及他们对于自己的政治地位的看法。为什么他们不去和皇帝争夺政权?为什么中国没有发生像英国宪章运动那样的政治事件?这个阶层在经济上是地主,在社会上是士绅,他们为什么对政治如此中立和消极?在本章里我想特别关注一个问题,即他们如何看待自己的政治地位。的确,他们的观点不是这种政治制度的原因,而是其结果。但是,可以说,在这种政治结构中形成的默许态度本身是一种支持这种结构的力量。

任何一种社会结构都有一套意识形态来界定正当的行为,以维持这个结构。我在本章所要讨论的是被皇权所控制的士大夫对于皇权的态度。

传统士大夫阶层的政治意识中有一个特别重要的观念是"道统"。❶ 这个观念在皇权牢固确立之前已经产生，并且可能对于皇权结构的发展是必要的。在我的分析中，我特别要追溯到皇权牢固确立之前，即封建制度行将崩溃、封建和皇权交替的过渡时期。

我不愿意把这一社会意识的形成归结为出自几个思想家。相反，我认为思想家的言行能被社会接受是因为他们反映了社会上一般的观点，他们的作用是将这一观点明白清晰地表达出来。在由封建过渡到皇权时，最能反映这一时期趋势的是儒家。但是儒家只是当时"百家"中的一家，直到后来皇权稳固之后，儒学才开始广为传播并起主导作用。我认为这表明了儒家最能代表适合中国皇权制度的意识形态。

---

❶ "道统"这个词的字面意思是指"道的系列""道的接续""道的传递"，在用法上类似于"道的正统传递"。《中庸》把儒道界定如下："天下之达道五，所以行之者三，曰，君臣也，父子也，夫妇也，昆弟也，朋友之交也。五者，天下之达道也。知仁勇三者，天下之达德也，所以行之者一也。或生而知之，或学而知之，或困而知之，及其知之一也。或安而行之，或利而行之，或勉强而行之，及其成功一也。子曰：'好学近乎知，力行近乎仁，知耻近乎勇。'知斯三者，则知所以修身。知所以修身，则知所以治人。知所以治人，则知所以治天下国家矣。"引自《中国哲学史》英文版，冯友兰著，德克·卜德译，北平：亨利·维奇出版公司，1937年，第1卷，第373页。（中文版参见冯友兰《中国哲学史》，北京：中华书局，1961年，第450—451页。——译者注）

唐朝的韩愈（768—824）在《原道》中这样写道："尧以是传之舜，舜以是传之禹，禹以是传之汤，汤以是传之文、武、周公，文、武、周公传之孔子，孔子传之孟轲。轲之死，不得其传焉。"

"道统"这个观念有它所根据的社会事实,其中一个重要事实是一个社会重要阶层失去了政治权力。归纳和组织成为儒家体系的儒家思想,伴随着中央集权的形成和封建体制的解体,的确经历了一个可理解的变迁过程。我们现在看到的儒家思想的记录已经由后来的学者修改了许多。然而,我愿意在此从儒家的基本观点开始,试图来追溯它的发展。在讨论儒家思想对中国社会历史的影响时,我们关注的不是"道统"的观念是否出自孔子本人,而是后代的学者以他的名义选用并深化了这一概念。

在我看来,中国传统社会中"道统"观念的发展,是由于社会上产生了一类新的人物,即文人知识分子,他们被排斥于政治权力的圈子之外,但仍享有社会威望。由于没有政治权力,他们不能决定政治事务,但他们可以通过表达意见、归纳原则来产生实际的影响。他们不从占有政治权力来保障自己的利益,而是尽力提出一套伦理规范来限制政治权力的威力。"道统"的思想被士大夫接受为他们政治活动的标准。最终,它不仅仅是作为一种伦理道德体系服务于士大夫,还可以维护他们的经济利益。

当士大夫阶层要用"道统"来限制政治权力时,他们推出了孔子的学说,把他作为"道"的创始者,称他为"素王"。我们现在把那些"道统"的精神传承者叫作"师儒"。

关于孔子身世的传说象征着政统和道统的分离。从早期神话历史中的文化英雄,如火的发明者燧人氏、农业的鼻祖神农氏,传到"三皇""五帝",再到有文字记载历史的封建君王周文王和周武王❶，我们可以发现政道合一的传统。儒家把这些古老的君王奉为圭臬。这些人了解并且遵守了正确的统治原则。在上面所提到的周文王、周武王之后有一个周公，他作为王位继承人的叔叔，摄政主持国家大权。周公受到儒家推崇，因为即使在封建体制下他仍能得到最高权力，实际上是最高统治者。这种摄政统治本身意义深远，象征着这样一个观念，即在位的人如果没有能力治理天下，可以由有能力的人去代替，这是政道分离的开始。孔子把自己和周公紧紧联系在一起，他说："甚矣吾衰也！久矣吾不复梦见周公。"❷在关于周公的传说里，政统和道统确实没有明显的分离，因为作为王叔，周公在宗法上是有地位的。但是儒家后来的追随者在著名的英明统治者系列中把孔子列在周公之后，这样周公便成了政道分离的起点。

---

❶ 尧、舜、禹这三位统治者是儒家传统伟大的道德典范，最初是在中国最古老的文献典籍《书经》中提到的。像尧和舜这样半虚构的历史人物是否包括在五帝之内，还有他们后来是否算圣人治世——这些问题都存在着观点上的分歧。葛兰言说："五帝的前三位——黄帝、颛顼和高辛——都是出现在与儒家传统相关的著作中的人物，但是他们都有着一种哲学的而非历史的特征。据说为孔子所著的《书经》中只提到后面两个，即尧和舜……通过将'三皇五帝'的历史置于皇家王朝之前，中国的文人学者着手绘制出一幅太平年代的图景，其时富有人性特征的完美品德居统治地位。然而，中国早期的英雄人物都保留有许多神话的特征。在尧和舜身上……这些特征近乎完全地消失了。"引自《中华文明》，葛兰言著，纽约：巴恩斯与诺布尔公司，1951年，第9页。

❷ 引自《论语》英文版，阿瑟·韦利译，伦敦：乔治·艾伦与昂温出版公司，1938年，第7篇，第5章，第123页。（原文参见《论语正义》，刘宝楠著，中华书局，1990年，第256页。——译者注）

根据儒家的传说，孔子这位"素王"乃贵族之后，由此道统和政统的分离才较为明确地建立起来。实际上，孔子与贵族的联系很远，在这一点上他完全无法与周公相比，他没有资格从血统的身份上得到任何权力。但是，试图为他找到在封建体制下的权威根源的传说经久不绝。《史记》❶对孔子的出身非常怀疑，据说他是"野合"的产物。他的母亲不把父亲的墓地所在告诉他，直到母亲死后，他才从别人那里得知，使父母得以合葬。这里还记载了鲁国贵族季氏招待士的一件事："季氏飨士，孔子与往。阳虎绌曰：'季氏飨士，非敢飨子也。'"这表明当时人们对孔子"士"的身份也很怀疑，尽管"士"只位列封建制度的底层。但这些描写不是贬低而是提高了孔子。《史记》又有"祷于尼丘得孔子"，暗示孔子由神所授，不是凡人出身。

这些神话的作用不单是确立孔子的身世，更多的是为他代表的道统建立神话权威。这样，既然孔子不是从贵族血统中而是从神那里获得权力，那么他的地位就会和实际的王位一样高。因此，孔子之后出现了一系列重要和权威的人物追随道统，他们可能缺乏政治权力，但在他们所处的社会中，他们和实际的君王一样重要，因为他们用道德和社会的影响来统治人民。

政统和道统的分离是儒家理论的基础理念之一，也是

---

❶《史记》一书为中国的历史学家之父司马迁（约公元前145—前85？）所著。《史记》第47卷中包含有一篇孔子的生平。参见林语堂的编译注释本《孔子的智慧》英文版，纽约："现代图书馆丛书"版，1943年，第48—91页。

中国权力结构中的一个重要事实，这和西方的政治和宗教的分离相似但又不完全相同。在理论上，当耶稣说"恺撒的归恺撒"时，他也是认识到了权力的双重系统。当牧师责问耶稣他仗着什么权柄做这些事时，耶稣反问他们："约翰的洗礼是从天上来的，是从人间来的？"牧师很疑惑，不知如何回答，最后他们说："我们不能告诉你。"耶稣对他们说："我也不告诉你们我仗着什么权柄做这些事。"❶

我们可以清楚地看到，在耶稣眼里有两个可能的权力来源：一个来自人间，一个来自上天。这两种权力并不在同一层次上，前者从属于后者。在欧洲中世纪的历史中，来自人间的权力降服在天上的权力之下，皇权降服在宗教权力之下。后来政教分离时，人民的权力开始抬头。西方政治思想中公认的是，权力不从天上来就得从人间来，人间即是民间。只要君王的权力来自上天，他就可能忽视民间的意愿。但是一旦政教分离，君王的权力被认定为世俗的，人们自然应该享有发言权和政治权利。在我看来，西方的政治权力从未完全独立和自我证成，而总是以来自上天或民间的权威为基础。这与中国的情况有所不同。

在中国，孔子也认识到了权力的双重系统，但是在他看来这两个系统并不在一个层次上，一个不必从属于另一个，而是互相平行。在中国，政治权力如同恺撒的权力，但另一种权力与西方不同，不被视为来自上天。有些人认为儒

---

❶《马太福音》第 21 章第 23—27 节。

家思想是宗教体系，只是它没有认可超自然的力量，然而这不是与西方宗教区分的唯一途径。儒家思想与西方不同的另一方面是与人类行为的关系。耶稣用他在同一领域（即人间）的权力来控制人间的事。这种冲突的结果是一种权力降服另一种。但是儒家的道统不代表行为，而是提出一个好的君王（和好的平民）应当怎样做的规范。君王按不按"理"做是一回事，有没有弄清一个好的统治者的"理"是另一回事。耶稣明确了好的规范，希望人的行为朝着好的规范去做。但是儒家思想分成了两部分：（1）知道什么是善的以及（2）履行这种善。因此，一个知道如何是好的规范的人，并没有义务一定要遵照去做，实际上他也许不能去做，因为他的行为由他的社会地位来决定。所以我们要在概念范畴上做出区分：文人学者在知，而君主则是在行。下面的引述解释了儒家的心理学。孔子对他的学生说："回，诗云'匪兕匪虎，率彼旷野'。吾道非邪，吾何为于此？"

颜回回答说："夫子之道至大，故天下莫能容。虽然，夫子推而行之，不容何病，不容然后见君子！夫道之不修也，是吾丑也。夫道既已大修而不用，是有国者之丑也。不容何病，不容然后见君子！"

孔子欣然而笑曰："有是哉颜氏之子！使尔多财，吾为尔宰。"❶

---

❶ "子贡出去而颜回进来，孔子说：'颜回，据《诗经》上说，不是犀牛也不是老虎，却疲于奔命在空旷的原野。这是我的教学有了什么错误之处吗？我为什么沦落到这个地步？'颜回回答说：'老师的教育（转下页）

这一段引文说明，即使在"匪兕匪虎，率彼旷野"的乱世，道还是可以"既已大修"的，因为道与事是分开的，道是可以离事而修的。用道于事，并不是"不在其位"的人的责任，换言之，并不是没有政治权力的人的责任。有国者可以用道来管理事务，也可以彻底无视道。"不在其位"的人可能自行维持道，"推而行之"，以使有国者来遵守道。但是他们不能有篡夺有国者地位的企图。孔子所讲的"推而行之"只不过是游说。孔子从来也没有取得过基督耶稣所取得的权柄。结果，在中国的制度中，政统是积极主动的，而道统是消极被动的。那些追随道统的人则将：

用之则行，
舍之则藏。❶

用舍是有权者决定的，行藏是有道者采取的。依照这

（接上页）如此伟大，这正是为什么这个世界不能接受这些的原因。然而，您应该继续尽全力来传播自己的观念。如果这些观念不被接受，您又何必管它呢？您的教育不被接受这样的事实不正表明您是一位真正的君子吗？如果真理没有得到培育，那么这就是我们的羞愧了。但是如果我们已经含辛茹苦地培育了一种道德秩序的教化，而它们并不为人民所接受，这便是那些掌握权力的人的羞辱了。假使人们不接受您，您又何必在乎呢？人们不接受您这一事实本身就表明了您是一位真正的君子。'孔夫子心里非常高兴，面带笑容地说：'是这样的吗？颜家的孩子，如果你是一位富人，我愿是你的一位管家。'"参见《孔子的智慧》英文版，林语堂著，第74—75页。这一情节广为流传，但其真实性存疑。

❶《论语》英文版，韦利译，第7篇，第10章，第124页。

种体系，就不会有矛盾。在持执规范的人看来，实际的政治有时合于规范，有时则不合，于是可以分出"邦有道"和"邦无道"。尧舜是有道的例子❶，禹汤亦同。皇权可以失道，此时明道、有道者可以维护道，使之不受侵害。这样的人必须勤于修身，以使道不会完全消失，但他们并不会有修正皇权的想法。因此，根据孔子的看法，明白规范的人可以在被用的时候把道摆出来，不被用的时候把道藏好。当皇权和道分离时，这些师儒退而守；皇权和道接近时，师儒出而仕。

孔子说："笃信好学，守死善道。危邦不入，乱邦不居。天下有道则见，无道则隐。邦有道，贫且贱焉，耻也；邦无道，富且贵焉，耻也。"

"君子哉蘧伯玉！邦有道，则仕，邦无道，则可卷而怀之。"❷

因此，真正的问题是政统和道统的连接。师儒的理想是"王道"，王道是政统加道统。怎样实现这种理想呢？这里我们看到了孔子思想的矛盾。他在封建制度下长大，关注这种社会秩序，这是一个按照建立完好的传统来统治的静态社会。封建传统阻止他打破政统和血统的联系，静态的理想使他厌恶社会结构的改变。这是在考虑孔子的态度时首先要注意到的。他把政统看成是既成的，不希望有所改变。同时，他生活在道统正在分解的时代，人们不再遵循既成的规

---

❶ Fung Yu-lan, *A History of Chinese Philosophy*，第34页。
❷ 《论语》英文版，韦利译，第8篇，第13章，第135页以及第15篇，第6章，第194页。

范来做事。为解决这一困难,孔子将规范和实际行为划分开来,把规范立为不可背离的理想的行为方式。在这一点上,孔子很固执并锲而不舍。他的学生子贡对他说:"夫子之道至大也,故天下莫能容夫子。夫子盖少贬焉?"

孔子曰:"赐,良农能稼而不能为穑;良工能巧而不能为顺;君子能修其道,纲而纪之,统而理之,而不能为容。今尔不修尔道而求为容。赐,而志不远矣!"❶

在这种情况下,我们也许会问,规范如何与现实紧密连接呢?似乎很大程度上是要靠机会,一方面是耐心等待,另一方面是退出,让别人来寻求。不过,孔子在等待机会这一点上表达得很清楚——子贡曰:"有美玉于斯,韫椟而藏诸?求善贾而沽诸?"

子曰:"沽之哉,沽之哉,我待贾者也。"❷

实际上,孔子的确周游列国,曾"干七十余君",下面的引述表达得更清楚:"……孔子年五十。公山不狃以费畔季氏,使人召孔子。孔子循道弥久,温温无所试,莫能已用,曰:'盖周文武起丰镐而王,今费虽小,傥庶几乎!'欲往。子路不说,止孔子。孔子曰:'夫召我者岂徒哉?如用我,其为东周乎!'"❸但最终他还是没有成行。孔子是很想做事的,而且当有人用他时,他努力施行善举:"孔子年五十六,由大司寇行摄相事,有喜色。门人曰:'闻君子祸

---

❶ 林语堂,《孔子的智慧》,第74页。
❷ 《论语》英文版,韦利译,第9篇,第12章,第141页。
❸ "孔子世家",载《史记》(见林语堂《孔子的智慧》,第56页)。

至不惧,福至不喜。'

"孔子曰:'有是言也。不曰"乐其以贵下人乎"?'于是诛鲁大夫乱政者少正卯。与闻国政三月,粥羔豚者弗饰贾;男女行者别于涂;涂不拾遗;四方之客至乎邑者不求有司……"

尽管孔子耐心等待,但他真正与闻政事的机会并不多,即使有机会,也不能确保他的政道结合能继续下去。最后他还是离开了鲁国,感慨"优哉游哉,维以卒岁",然而他仍时感沮丧,说"道不行,乘桴浮于海"。❶ 实际上,从现实业绩来讲,他什么也没有达成。但是我们设想,如果他真的像他希望的那样"三年有成",他也许会如愿取得一些不错的成就。不过,如果这样,他的结局就如同窦鸣犊和舜华了——他们两人做到很高的官位,但最终还是被统治者所杀。孔子得知后怅然叹息:"美哉水,洋洋乎!丘之不济此,命也夫?"

"子贡趋而进曰:'敢问何谓也!'

"孔子曰:'窦鸣犊,舜华,晋国之贤大夫也。赵简子未得志之时,须此两人而后从政;及其已得志,杀之乃从政。丘闻之也,刳胎杀夭则麒麟不至郊,竭泽涸渔则蛟龙不合阴阳❷,覆巢毁卵则凤皇不翔。何则?君子讳伤其类也。夫

---

❶ 《论语》英文版,韦利译,第5篇,第6章,第108页。
❷ "阳,指正向的特性,它是与所有明亮、仁慈、积极、阳性的东西相联系,并以天和太阳作为象征。阴,指负向的特性,具有黑暗、被动和阴性的本质,以土地和水作为象征。(转下页)

鸟兽之于不义也尚知辟之，而况乎丘哉！'"❶

这番话表明孔子认识到将他的"理"用于实际政治的困难。我再引用《史记》中的一段："及西狩见麟，曰：'吾道穷矣。'喟然叹曰：'莫知我夫？'

"子贡曰：'何为莫知子？'

"子曰：'不怨天，不尤人，下学而上达，知我者其天乎！''不降其志，不辱其身，伯夷、叔齐乎！'谓'柳下惠、少连降志辱身矣'。谓'虞仲、夷逸隐居放言，行中清，废中权'。'我则异于是，无可无不可。'子曰：'弗乎弗乎！君子病没世而名不称焉。吾道不行矣，吾何以自见于后世哉？'❷，乃因史记作春秋……"

（接上页）"阴阳转换而成一体。通过这样的过程而产生出水、火、木、金和土这五行来……

"在中国人的生活和思想中，阴阳无处不在。与西方最为接近的看法是我们所谓的'天道运行背后的神秘原因'"（《中国的食尸鬼和小鬼》，杰拉德·威洛比-米德著，纽约：弗雷德里克·斯托克斯公司，无出版年月，第4页）。

"在拜火教中，黑暗实质上就是恶，对光明的信念实质上就是善。在阴和阳的基本概念上存在相当的差异。它们是指存在的两个相互独立和互补的方面，而且阴阳哲学家的目标并非是获取光明，而是要在人的生活中达到这两种特性的完美平衡"（《道及其力量》，阿瑟·韦利著，伦敦：乔治·艾伦与昂温出版公司，1934年，第112页）。

❶ 林语堂，《孔子的智慧》，第68页（这是另一个广为流传但真实性存疑的情节）。

❷ 见林语堂《孔子的智慧》，第86—87页。捕获麒麟的意义在于，尽管这一动物本身象征了一位圣人即将拥有权力以及普遍的安定和繁荣，但在这个例子中这只麒麟被捕获的事实，更可能是某种极为不幸的象征，暗指大学问家孔子的逝世。费孝通这里所重复的孔子编《春秋》的传统，可能是为大多数学者所拒斥的。

《春秋》是一部中国政治的典范。它揭示了好的统治的规范，但没有对其实施提出实际的建议。我们可从中学到"道"或"理"，与政平行，二者没有统一。孔子的尊号是"素王"，就是没有政治地位的王，这是中国政治概念中的特色。

如果道统不能控制政统，尽管推崇道统的人不停地斥责有国者失道，但在日常政治活动中，帝王或是掌握政治权力的人并不觉得可耻且置之不理。邦无道时，师儒们固然不妨把道卷而怀之，可是那些百姓怎么样呢？正像孔子曾经说过的那样，师儒们可以说："天之未丧斯文也，匡人其如予何？"但是孔子还说："天之将丧斯文也，后死者不得与于斯文也。"师儒们终将死去，因为他们是地球上的生命，不是其他星球上的。当皇权控制整个国土的时候，他们怎么能隐藏起来呢？皇权可以"焚书坑儒"❶，可以兴文字狱，可以在一个时期内完全阻碍道统。孔子无法解决这一矛盾，即只要在同一个世界上，道统和政统实际上是无法各行其是的。尽管道统不与政统相争，但实际上，政统可以而且的确常常压迫道统。那么这时师儒们该怎么办呢？积极的出路是依照西方的做法，制约皇权，把政统压迫在社会公认的道统之下，但这与封建传统不合，在中国历史中很少有这种积极的反抗，他们采取的是另一种方式。

孔子呼天，这个天是空洞的，即使有知也不干涉人

---

❶ 这些事件发生在严酷的秦朝，公元前213—前212年之间，作为一种强行统一思想的手段。除了特定重要的著作之外，整个国家的所有书籍都被政府收缴上来烧毁，据说有460多位儒生被活埋。

事。❶可是当道统被帝王压迫得无法翻身、完全丧失政治权力的时候，他们试图请天来干涉人事，以发挥其实际的积极作用。孔子的道统没有权柄，不能做事，因为做事是帝王的任务。但在汉代，一个可以干涉人事的现实的"天"逐渐成形。汉代的师儒董仲舒（约公元前179—前104）在对《春秋》的解释中用上天的愤怒来吓唬皇权。他对汉武帝说："臣谨按《春秋》之中，视前世已行之事，以观天人相与之际，甚可畏也。国家将有失道之败，而天乃先出灾害以谴告之，不知自省，又出怪异以警惧之，尚不知变，而伤败乃至。以此见天心之仁爱人君而欲止其乱也。"

在董仲舒的公式里，上是天，中是皇，次是儒，末是民。根据他的公式，皇权不再处于压迫别人的地位而应敬畏上天，受上天的限制。但问题是，既然上天通过自然现象来表达赞赏或责备，那谁能明白这些天相符兆的意义呢？除了师儒，还有谁能解读这些符兆呢？董仲舒就这样实际强调了师儒的重要性，即只有师儒能解释天意。这个概念的前一部分与儒家通常的观点有所不同，特别是与孟子所发展的"天意表达于民意"的观点不同。根据这种新观点，师儒应该通过自然现象来解释天意，这不是试图通过民主的方式来限制

---

❶ 费孝通在这里和下面几段中陈述的要义，在某些方面而言，许多学者会有异议。有的学者并不认为对孔子来说，天是漠不关心的抽象概念（参见冯友兰《中国哲学史》英文版，第1卷，第58页："孔子之所谓天，乃一有意志之上帝"）。再者，更为广泛的看法是认为，这里说成是董仲舒的有关天的意志的理论早于他的时代近千年（参见顾立雅《中国的诞生》一书中相关章节，纽约：雷纳尔与希契科克公司，1937年）。

政权,而是间接通过宗教。师儒不过是帮着皇权去应天。天要降刑罚于君主时,不经由民众而是通过自然灾害。理论上,皇权就这样屈服于宗教的力量,师儒被赋予了一定独立的地位。换句话说,师儒的道统不再为皇帝的政统所压制。

如果董仲舒再进一步,也许会最终把解释天意的师儒发展成宗教的牧师。然后这些牧师型的师儒可以组织成教会,获得上帝的认可,也许会发展到可以控制无限制的皇权。如果这样,中国就会有像西方那样的政教关系。但是当这种理论开始向皇权的至高无上发出挑战时,就立刻被镇压下去了。董仲舒发展了灾异论,甚至能通过阴阳来预言自然灾害。《汉书·董仲舒传》中说:"求雨,闭诸阳,纵诸阴,其止雨反是;行之一国,未尝不得所欲。""先是辽东高庙、长陵高园殿灾,仲舒居家推说其意,草稿未上,主父偃候仲舒,私见,嫉之,窃其书而奏焉。上召视诸儒,仲舒弟子吕步舒不知其师书,以为大愚。于是下仲舒吏,当死,诏赦之。仲舒遂不敢复言灾异。"

通过自然征兆来表达上天之怒的灾异论,虽没有获得控制皇权的成功,但它鼓励了民间百姓,因为它打破了皇权的绝对性——如果上天厌恶皇帝,皇权就要改统。于是在汉代期间以及之后,每一次社会暴动,都用这种理论来正名。虽然这种被民间广泛接受的理论成了造反改统的根据,但它没有改变皇权的性质。

在汉武帝时代,与董仲舒同一时期的还有一个研究《春秋》的儒家公孙弘,他是参与迫害和流放董仲舒的阴谋家,提出了另一种适应皇权的方式，那就是做官侍奉皇帝。正统的儒林谴责公孙弘出卖了孔子卫道的传统。不肯修改自己的想法以迁就皇权的九句老人辕固生，罢归的时候，公孙弘侧目而视固。固曰："公孙子务正学以言，无曲学以阿世！"这表明师儒有着维持道统的责任，不能投机。公孙弘出身卑微，做过狱吏，甚至牧过猪，却被封为宰相，成为第一个与皇帝没有关系而达到此地位的人。因此他非常清楚地看到出卖道统、牺牲儒家规范而屈服于皇权的好处。其实除非一个人完全脱离尘世，否则实际地说，只有两个选择：一是政统征服道统，一是失宠于上。老儒生辕固生、董仲舒不肯屈服，被放逐了；公孙弘屈服了，做到宰相。

作为宰相，公孙弘主张由皇权利用他这类的师儒来统治人民。他说："夫虎豹马牛，禽兽之不可制者也，及其教驯服习之，至可牵持驾服，唯人之从。臣闻揉曲木者不累日，销金石者不累月，夫人之于利害好恶，岂比禽兽木石之类哉？暮年而变……"公孙弘总结了一套"做官""事上"的技巧："每朝会议，开陈其端，使人主自择，不肯面折庭争。于是上察其行慎厚，辩论有余，习文法吏事，缘饰以儒术，上说之……弘奏事，有所不可，不肯庭辩。常与主爵都尉汲黯请间，黯先发之，弘推其后，上常说，所言皆听，以此日益亲贵。尝与公卿约议，至上前，皆背其约以顺上指。

"汲黯庭诘弘曰：'齐人多诈而无情，始为与臣等建此议，今皆背之，不忠。'上问弘，弘谢曰：'夫知臣者以臣为忠，不知臣者以臣为不忠。'……

"汲黯曰：'弘位在三公，奉禄甚多，然为布被，此诈也。'……弘自见为举首，起徒步，数年至宰相封侯，于是起客馆，开东阁以延贤人，与参谋议。弘身食一肉，脱粟饭，故人宾客仰衣食，奉禄皆以给之，家无所余。然其性意忌，外宽内深。诸常与弘有隙，无近远，虽阳与善，后竟报其过。杀主父偃，徙董仲舒胶西，皆弘力也。"

从以上引述中我们可以看出，这是一个没有原则、揣摩上意、不守信用、出卖朋友、沽名钓誉、阴结私党以维持高位的人。❶ 这是中国常见的官僚类型。

从公孙弘所开创的官僚路线上，孔子及其追随者所维持的道统已不再是规范，而是支持皇权的工具。这个转变由韩愈最终完成。他虽自认是直承道统的人物，但他把诤谏的意义解释成为皇帝获取美誉的手段。他说："夫阳子本以布衣隐于蓬蒿之下，主上嘉其行谊，擢在此位，官以谏为名，诚宜有以奉其职，使四方后世知朝廷有直言骨鲠之臣，天子有不僭赏、从谏如流之美。❷ 庶岩穴之士闻而慕之，束带结发，

---

❶ 但是，德效骞说："公孙弘在个人行为上是令人敬佩的，他善于辩论，长于法律事务，学问笃实"（引自班固《汉书》英文版"导论"，德效骞译，巴尔的摩：韦弗利出版社，1938年，第2卷，第23页）。关于汉武帝统治及其对儒家的态度的讨论亦可参见《孔子其人及其神话》，顾立雅著，纽约：约翰·戴出版公司，1949年，第233—243页。

❷ "自14世纪以来就存在一个所谓监督审查的固定机构，这一机构的成员被称为统治者的'耳''目'。这些人的工作就是挑刺，不论是对本着皇帝之名的政府行为，还是对似乎会招致异议的个人政客之举。挑刺的巡查官名义上享有完全的豁免权；实际上，他知道他不能够对公正和宽恕有太多的期望。如果他断定自己的言辞是不可宽恕的话，（转下页）

愿进于阙下,而伸其辞说,致吾君于尧舜,熙鸿号于无穷也。"

韩愈不再问皇权是否合于道。对他来讲这已不再是问题,因为他相信政统即是道统,皇帝不会做错事。而且,皇帝有责任起用士人,士人也有责任自荐于朝廷。他的理由是这样的:"古之士,三月不仕则相吊,故出疆必载质。然所以重自进者,以其于周不可则去之鲁。于鲁不可则去之齐。于齐不可则去之宋、之郑、之秦、之楚也。今天下一君,四海一国,舍乎此则夷狄矣,去父母之邦矣。故士之行道者,不得于朝则山林而已矣。山林者,士之所独善自养,而不忧天下者之所能安也。如有忧天下之心,则不能矣。"

自韩愈起,中国之士不再议论皇帝的是非。在他们眼中,作为士,他们的作用是侍奉皇帝,他们成了只不过是诵读圣谕的所谓的师儒。

于是,师儒和政权的关系在历史过程中有所演变。最初他们从政统里分离出来,被看作不能主动影响政事的卫道者。在皇权不断集中的过程中,这个阶层不能维护自己的利益,他们转向依靠宗教的约束力,希望神的力量可以制约皇权,并同时保护他们。但这并没有奏效,于是除了反抗只有屈服。士大夫阶层从来都不是一个革命的阶层,他们选择了后者,即成为官僚,他们甚至降为彻底臣服于皇帝之流。

(接上页)他会递上自己的请愿书,并立刻在众目睽睽之下当场自杀。"引自《中国的文明》,翟理思著,纽约:亨利·霍尔特公司,1911年,第158—159页。

这段历史过程决定了士绅在政治结构中的地位。他们本身并不想夺取政权,只是屈服于政权来谋得安全。在传统中国的权力结构中,士绅显然是没有斗志的那部分。

第三章

士绅与技术知识

汉语里的"知识分子"一词暗示,中国社会在"知识"上发生了分化。问题是,什么样的知识能成为社会分化的基础呢?社会中的某一阶级是利用何种机制来独占知识的呢?我们还能进一步问,这一阶级怎样在传统社会结构中维持他们的地位,在与西方的接触中发生了怎样的变化?

这个阶级成员的特点是他们不仅"知",而且有一定的专门知识。这种专门知识在孔子的著作中讲述得很清楚。"知"字有严格的意义。例如孔子的学生樊迟"问知",子曰:"务民之义,敬鬼神而远之,可谓知矣。"❶ 孔子还说:"盖有不知而作之者,我无是也。多闻,择其善者而从之;多见而识之;知之次也。"❷

这里我们看到,孔子所谓的"知",显然不单是"知道了",而是指"懂得正确的道理"。樊迟再次"问知","子曰:

---

❶《论语》英文版,阿瑟·韦利译,伦敦:乔治·艾伦与昂温出版公司,1938年,第6篇,第20章,第120页。
❷ 同上书,第7篇,第27章,第128—129页。

'知人。'樊迟未达。子曰：'举直错诸枉，能使枉者直。'"❶孔子说明了知识的过程：首先是闻、见，即搜集信息，接下来是择、识。由于"知"不仅仅是信息的搜集，而且包括选择，这就要以分辨是非的能力为基础。这一狭义的知基于一定的行为标准，而这标准即为"直"。知了之后，还要遵循去做，对人还要"使直"。孔子把标准行为的规范解释为知，那些对民能"务本"、对神能"敬之"的人就可以算是知了。知在这里不仅指聪明智慧，还指高尚道德，可以和"仁"❷"勇"并称。知者不仅是聪明人，还是明道理的人，道理就是规范。

我们可以把"知"分成两类：一是知道物质世界的特征，

---

❶《论语》英文版，阿瑟·韦利译，伦敦：乔治·艾伦与昂温出版公司，1938年，第12篇，第22章，第169页。

❷ 指"人"，韦利继续说明其与"仁"的关系："这个字在中国古文字中意思是指自由人、部落里的人，与'民''平民'相对。在写法上略有些改变的同样一个字（仁），意思是最广义的'善'，即是说'具有其所属部落的属性特征'……当'人'与'民'之间这种古老的区分最终被遗忘之后，'人'这个字就用来指人类，形容词意义上的'人'这个字是从与动物相对立的'人类'这个意义上来理解的，并被用以指涉符合人的德性的行为，与单纯的兽类行为区分开来。

"对于后面的这个含义（即人性而非兽性），在《论语》中无法找到任何出处。……在《论语》一书中，'仁'意味着极为广义上的和普遍意义上的'善'。……这是一种崇高的道德态度，这是由像伯夷这样的传奇式英雄而不是由活着的或历史上的人物所达到的一种超越的完美。'仁'似乎确实是一种神秘的存在，它不仅类似于，而且在某些表述中几乎等同于寂静主义者所持守的'道'。与'道'一样，它是与'知识'相对立的。知识是积极的，因而逐渐消磨。善则是被动的，有如高山一样恒久。孔子能够指出达到善的道路，能够告诉'工'如何'利其器'，能够告诫弟子'亲仁'。但是《论语》中仅有一次在明显比较后期的一章中近乎给出了'善'的定义。"同上书，导论部分，第27—29页。

即自然知识;二是知道正确的行为如何构成,即规范知识。儒家作品中的"知"指的是第二类,孔子甚至认为懂得规范知识的人不必有自然知识,实际上他自己就代表了那种"四体不勤,五谷不分"❶的人。"樊迟请学稼。子曰:'吾不如老农。'请学为圃,曰:'吾不如老圃。'樊迟出。子曰:'小人哉,樊须也!上好礼,则民莫敢不敬;上好义,则民莫敢不服;上好信,则民莫敢不用情。夫如是,则四方之民襁负其子而至矣,焉用稼?'"❷ 这段话说明,自然知识对于孔子是不太重要的,还表明了他对于自己社会地位的概念。像他这样的人是在上的,"民"在最下层。民必须种田,而在上的人只需高举"礼"❸——即义、信——来获得和维持民的敬服。懂得行为规范的人不必亲自劳作。

孟子把这种社会结构说得更清楚。有一个叫陈相的人在孟子面前宣传许行的"贤者与民并耕而食"的主张,但孟子不同意,认为劳动分工既是自然的又是正确的。

---

❶ 见《论语》。"五谷是指稻、黍、稷、麦、菽也。"引自《中国典籍》第2卷《孟子选集》,理雅各编译,第2版,牛津:克拉伦登出版社,1895年,第251页注释。

❷ 引自《论语》英文版,韦利译,第13篇,第4章,第172页。另可参见理雅各对儒家语录的翻译,译法稍有不同。尽管不如理雅各在字面上忠于原文,但是韦利的《论语》译本更近于费孝通所使用的含义。比如,对"君子"的译法,费孝通和韦利一样译为 gentleman,而不是像理雅各和苏慧廉那样译成 superior man、man of the higher type 和 wise man。

❸ "礼"是指"庆典、习俗道德、风气、仪式、良好的行为举止和礼仪"。引自《中国哲学史》英文版,冯友兰著,德克·卜德译,北平:亨利·维奇出版公司,1937年,第1卷,第439页。

"陈相见许行而大悦,尽弃其学而学焉。陈相见孟子,道许行之言曰:'滕君则诚贤君也;虽然,未闻道也。贤者与民并耕而食,饔飧而治。今也滕有仓廪府库,则是厉民而以自养也,恶得贤?'

"孟子曰:'许子必种粟而后食乎?'曰:'然。''许子必织布而后衣乎?'曰:'否;许子衣褐。''许子冠乎?'曰:'冠。'曰:'奚冠?'曰:'冠素。'曰:'自织之与?'曰:'否;以粟易之。'曰:'许子奚为不自织?'曰:'害于耕。'曰:'许子以釜甑爨,以铁耕乎?'曰:'然。''自为之与?'曰:'否;以粟易之。'

"'以粟易械器者,不为厉陶冶;陶冶亦以其械器易粟者,岂为厉农夫哉?且许子何不为陶冶,舍皆取诸其宫中而用之?何为纷纷然与百工交易?何许子之不惮烦?'曰:'百工之事,固不可耕且为也。'

"然则治天下独可耕且为与?有大人之事,有小人之事。……故曰,或劳心,或劳力。劳心者治人,劳力者治于人;治于人者食人,治人者食于人,天下之通义也。"❶

这里我们可以看到,对劳动的经济划分的必要性的认识是如何被用来支持阶级划分和为统治阶级的特权辩解的。但我引用以上两段话是要表明传统制度下对自然知识和规范知识的不同态度。自然知识是生产知识,属于农民、手工业

---

❶ 引自《中国典籍》第2卷《孟子选集》,理雅各编译,第3篇上,第4章,第247—250页。(中文可参考《孟子译注》,杨伯峻译注,中华书局,1962年,第123—124页。——译者注)

者和其他以生产为生的人；而规范知识是劳心者统治人民的工具。统治别人意味着高于别人，可以"食于人"，如果不是剥削人的话。他们自己不参与生产，养成了"四体不勤，五谷不分"的习惯，孔子"焉用稼"的问题正式表达了这层意思。

虽然孟子把以上的社会分化说成是"天下之通义"，但他没有解释为什么那些"劳心者"、那些掌握规范知识的人可以在上、可以治人、可以食于人。❶

这使我们不禁要问：知识分子是怎样获得他们的社会地位的？他们的地位大部分是从他们所拥有的知识的性质引出的。正如我们所看到的，这种知识不是指实际事务的知识，而是另外一种对社会价值的认识。

为满足衣食住行基本生活的需要，我们必须利用自然的物资，与所处的自然世界发生真正的联系。我们必须懂得如何用正确的方式来与物资打交道。例如，摩擦生火是人类很早懂得的原理，也是对文明知识很重要的补充，但不是随意把东西摩擦一下就可以生火的。生火知识的内容包括用什么东西、怎样摩擦、摩擦多久等，只有在一定的条件下才能

---

❶ 孟子的确说："后稷教民稼穑，树艺五谷；五谷熟而民人育。人之有道也，饱食、暖衣、逸居而无教，则近于禽兽。圣人有忧之，使契为司徒，教以人伦，——父子有亲，君臣有义，夫妇有别，长幼有序，朋友有信。放勋曰：'劳之来之，匡之直之，辅之翼之，使自得之，又从而振德之。'圣人之忧民如此，而暇耕乎？"引自理雅各编译《孟子选集》，第 3 篇上，第 4 章，第 251—252 页。（中文可参考《孟子译注》，杨伯峻译注，中华书局，1962 年，第 125 页。——译者注）

实现摩擦生火的原则。技术规定了在一定程序下会得到一定的效果，而知识及其正确运用可以决定是否能达到预期的结果。但在人类生活中，我们不是为用技术而用技术，通常是为达到某个目的。生火是为了煮饭、取暖、敬神，因此生火不仅仅是如何生火的问题，还包括生火的时间、地点、由谁来生火和生何种火。生火不是孤立的行为，而是社会制度中的一部分，而社会制度经常不仅涉及有效性，而且涉及价值观念。问题是我们是否应该生火。这是孔子所谓的"礼"的一部分。因此，同一个活动在某些情况下就可能是应当的，而在另外的情况下就可能是不应当的。有人问孔子，管仲是否懂得礼呢？他说："邦君树塞门，管氏亦树塞门。邦君为两君之好，有反坫，管氏亦有反坫。管氏而知礼，孰不知礼？"[1]决定我们应该做什么的不是技术而是行为规范。

与自然打交道时，问题在于区分正确与否。如果我们遵循自然规则，就能达到目的；如果不遵循，就不能达到目的，就生不出火。我们不需要另外的力量来使人们遵循自然知识。一个人不遵守社会规范，即使不会危害他自己，却可能会给整个社会带来危害。为了保护大家的利益，我们必须对不守规范的人加以制裁，这样就把"应该做"转变为"不敢做"。制裁需要来自社会共同意志的权威的支持，但是权威不能给大家，只能授予若干人来做大家的代理。在中国，这种人就是前面我们提到的"知者"。

---

[1] 引自《论语》英文版，韦利译，第3篇，第22章，第99—100页。

在一个静态的社会中,从实际经验里发展、积累得来的规范通常是社会共同生活有效的指导。规范对于社会生活的功效是它存在的理由,也是受到社会权威支持的理由。这种社会的另一面是大多数人民的悦服,因为服从于这些行为规范可以带来日常生活的满足。行为规范在稳定的社会中成了多年的传统和处世的经验。孔子获得其社会权威更多是因为他对传统的深刻理解而不是他自己的聪明或学识。在稳定的传统社会里,人们不必去推究"为什么"的问题,他只需找出传统的做法就可以了。孔子谈"发现"时,他不是指去探索新的东西,而是去重新发现过去。❶在一个只有历史传统才具有真正有效性的社会中,影响不在于改革者,而在于那些沿着已有的道路指引人们的人。正像学徒向师傅学手艺一样,人们依靠知道传统价值的人来教授他们必须要走的路。这些知道传统的人具有社会的威望。

然而,社会权威和政权是不同的。我曾强调过中国的士大夫并不真正掌握政权这一事实。实际上,在中国,政权和社会权威经常是迥异的。政权通过武力获得,是征服者与被征服者的关系;社会权威则是社会对个人的控制力,基于认可和共同的理解。儒家希望政权和社会权威相合,当统治者只用政权来统治国家时,被称为霸道,二者相合时称为王道。事实上,在中国的历史中,二者从没有相合过。孔子被

---

❶ 子曰:"我非生而知之者,好古,敏以求之者也。"《论语》英文版,韦利译,第7篇,第19章,第127页。(参见《论语正义》,刘宝楠著,中华书局,1990年,第271页。——译者注)

尊称为"素王",一个有社会权威而没有政治权力的人。两种权力并行于天下的结果意味着,在中国历史中,秩序建立在两个不同的层次上:民众的日常生活由社会权威来规定,衙门❶里则是政权的统治。除了少数的暴君,皇权是不干涉民众生活的。一般说来,一个好的帝王在额定的赋役之外不去干预民众。

在简单的社会里,行为规范被大多数人所认识,它并不是特殊的知识,任何人都可以遵循它和享受传统的权威。孔子的弟子子夏曰:"贤贤易色;事父母,能竭其力;事君,能致其身;与朋友交,言而有信。虽曰未学,吾必谓之学矣。"❷懂得规范的人没有特殊资格是因为大多数人都有和这种知识接触的机会。在简单的社会里,这种知识是在世代间口口相传、人人相习的。孔子用"习"字来说明通过"闻"而不是通过书本知识来行事。那时文字并不很重要。据说孔子"入太庙,每事问"。有人就说:"孰谓鄹人之子知礼乎?入太庙,每事问。"孔子听说后就说:"是礼也。"❸而当弟子子贡问"孔文子何以谓之'文'也",孔子回答说:"敏而好学,不耻下问,是以谓之'文'也。"❹

但是,当生活变得更复杂时,行为规范就不能再完全

---

❶ "衙门":官员办公和居住的处所,即指官府。
❷ 引自《论语》英文版,韦利译,第1篇,第7章,第84—85页。
❸ 同上书,第3篇,第15章,第97—98页。(参见《论语正义》,第104页。——译者注)
❹ 同上书,第5篇,第14章,第110页。(参见《论语正义》,第188页。——译者注)

依靠口口相传了，规范发生了派别的出入，正确的决定要通过对文献的研究而得到证实。子曰："夏礼，吾能言之，杞不足征也；殷礼，吾能言之，宋不足征也。文献不足故也。足，则吾能征之矣。"❶ 当社会价值不再以口口相传而是通过文献时，就不是每个人都可以得到的，文字也就变得很重要，这样就有了能够识字读书的特殊人物，称之为"知识分子。"❷

传统中国的乡土社会常常是有语无文的。❸ 从神礼、神

---

❶《论语》英文版，韦利译，第3篇，第9章，第96页。（参见《论语正义》，第91—92页。——译者注）

❷ 翟理斯在谈到1911年的中国时写道："中国人认识到了由书写符号的运用而无声无形引起的超乎寻常的后果，并逐渐赋予这些象征符号以某种灵性，由此而激发出一种近乎崇拜的情感来。在一张纸上面一旦写上或者印上一个单字的话，那张纸就不再是写有黑字的纸了。不能随便摇晃它，更不能踩在脚下；应该满怀敬意地焚毁，这样做还是将其当作向苍天传递消息的媒介——如此则其灵性的本质还会返回其最初由来之处。在中国城市的街道上，以及偶尔在人来人往的道路旁，会看到小小的略加装饰的建筑物，人们会将各样的小纸片投进去烧掉，以免亵渎神灵——这对于中国人来说是十分令人痛苦的事。并且这一点也常被用来反对外国人，因为他们对写下的和印刷的字纸毫不在意，记载在外国人的档案和书籍中的内容显而易见就没有什么太大价值了。"引自《中国的文明》，翟理斯著，纽约：亨利·霍尔特公司，1911年，第231—232页。

❸ "只要人们还追求幻想，说书人就仍是中国人生活的一个侧面，他们会被富人家请去娱乐那些所谓的'内眷'，他们会在夏季夜晚乡间的茶馆里受到人们的欢迎，在那里他们成了农民生活的历史书。说书人在集市上吸引观众的方法与今天时兴的杂志所使用的连载故事的方法一样——人们花钱来听讲一回新故事，以此来挣观众口袋里的几个辛苦钱。说书的人都属于某个组织。有时初学者会在一位有经验的说书人的带领下学艺，但在过去，这类学生大多不会成功"（引自《中国风俗节日记》，裴丽珠、伊戈尔·米特罗法诺著，上海：别发印书局，1927年，第152—153页）。甚至到了最近的抗日战争期间，在自由中国管理工厂还会雇（转下页）

歌、占卜、朝代史和家谱等的记载发展起来的经典文学是唯一得到官方认可的文献，常常远离普通人民。官家史书记载的圣人之言也许可以引导人们怎样做人，但通常对于贫苦的农民没有实际意义。不仅是所写的内容难以理解，典籍所用文字也与普通口语的说法明显不同。由于文言文的句法与白话不同，即使一个口才很好的文人也不一定会作好文。写文章不是能轻易学会的，需要格外努力。象形字很难学会，如果不经常用，又会忘掉。在匮乏经济时期，很少人有足够的闲暇来学习。❶ 中国以农业为主，农民在田地里长时间劳作，只能获得很少的收入，这些人不可能有长期的闲暇时间。正如我在《被土地束缚的中国》中描写的：生产和闲暇互相排斥；除非一个人能得到生产者的供养，否则他不能脱离劳作。因此，那些有闲暇的人一定是大地主，大到能靠收租为生。因此受教育的人局限在一个经济群体中，他们不代表普通人民的利益。

（接上页）老式说书人来讲'中国罗宾汉'（指《水浒》中的梁山好汉——译者注）的故事。这些故事是用来娱乐较为单纯的当地工人的，而外地工人对此并不大感兴趣（引自《中国进入机器时代》，史国衡著，费孝通和许烺光编译，剑桥：哈佛大学出版社，1944年，第110页）。

❶ "'学习之桥'历时漫长。从小学到中学的高年级要九年的时间。在这九年当中，家长必须负担的不仅仅是他们孩子的伙食费用，还要负担其他方面的费用……更进一步说，当孩子在学校里的时候，他们不能在自家农田里帮忙。这便意味着只有富人能够负担得起送孩子上学。贫困户的男孩子就没有机会跨越这座桥梁了；因此他们要寻求其他的道路出来。出村的人中，来自中农、贫农和雇农家庭的没有一个人受过中学教育，而十个富家子弟中就有七个受过中学的教育。"引自《被土地束缚的中国》，费孝通、张之毅著，芝加哥：芝加哥大学出版社，1945年，第274页。

孟子说"劳心者食于人",只有靠别人来供养的人才能读书写文。但这并不是说不劳力者一定能够或愿意劳心,那些靠着特权享受别人供养的人不但不必去学习技术知识,也不必学习社会规范,他们可以只过着寄生的生活。然而,在这种情况下,他们的特权也许不安全,特权必须靠力量——暴力政权或社会权威——来支持。官僚阶层不仅有条件读书,而且为获得特权也有读书的需要。靠知识的特权和政治权力共同支持的特权阶层,以他们较高的经济地位、更多的教育机会和由此而得到的更大的社会权威以及与一切实用技术知识的分离而区别于劳动阶层。

如我在上面所说的,技术知识应该和规范知识相关联。但是当规范知识和文字一旦结合而成了某一阶层的独占品时,它就和技术知识分离了,这样一分离,技术也就停顿了。我已说过自然知识一定要通过社会才能被应用而成为有用的技术,改善人民的生活。如果对人民生活负责的统治阶级完全缺乏技术知识,他们就不能通过技术手段来管理人民。比如说,那些"四体不勤、五谷不分"的人如果有着决定怎样应用耕种技术的权力的话,他们将不愿或不能通过引进更好的技术以改善生产,因为这可能扰乱既有的传统方法。现代技术的进步是生产者取得了决定社会规范的权力之后的事。一旦这权力脱离了真正的生产者,技术的进步也立刻停顿。

在中国传统社会,知识阶级是一个没有技术知识的阶级,他们独占以历史的智慧为基础的权威,在文字上下功夫，在艺技上求表现。中国文字非常不适合表达科学或技术知识。这表明在传统社会结构中，既得利益的阶级的兴趣不在提高生产，而在于巩固既得的特权。他们主要的任务是为建立传统行为的指导而维持已有的规范。一个眼里只有人与人关系的人不免是保守的，因为人与人的关系的最终结果常常是互相协调。调整的均衡只能建立在人与自然稳定不变的关系基础上。另一方面，单从技术的角度出发，人类对自然的控制几乎没有限制。在强调技术进步的同时，人对自然的控制也随之不断改变，变得更为有效。然而技术的变化也许会导致人与人之间的冲突。中国的知识分子从人和人的关系看待世界，由于缺乏技术知识，他们就不会赞赏技术进步，看不出任何意图改变人与人关系的理由来。

第四章

中国乡村的基本权力结构

皇权的无为政策

中央集权制度在中国有着漫长的历史。自公元前221年秦始皇废封建、置郡县以来，原则上地方官吏都由中央政府来任命，当地人通常不能在当地为官。以此看来，似乎中国的政治体制是完全受上面控制的，人民是完全被动的，地方利益无法保障。如果确是这样，那中国的政治体制也成了最专制的方式。但显而易见的是，如果人民不被完全奴役，这种集权统治就很难维持，尤其在这样一个交通系统无法与比如罗马帝国相比且缺乏足够牢固要塞的大国。任何想长久维持的政权，如果不能赢得人民积极的支持，至少也要得到他们的容忍。换句话说，政治体制不能简单地沿着自上而下的轨道运行，在任何政治统治下，人民的意见都不能完全被忽视。这就意味着，在某种方式上，必须要有自下而上的一个平行轨道。因此，一个可以长时间维持的良好的体制将是"双重轨道"，这在现代民主制度下显而易见，在专制政治的实际运行中也是如此。在这种统治下，当自下而上的轨道被破坏时，就有了暴君，于是悲剧就发生了。事实是，在中国，即使在专制统治下，也并不完全是暴君统治，这一事实表明，人民的意见通过某种非正式的轨道向上传达。

在中国传统政治体制下，有两道防线使专制的皇帝不致过于暴虐。第一道防线是中国政治哲学——无为主义，这是从长年的经验里累积而成。在中国历史上，很少有理论或实践鼓励政权去干扰人民的社会生活。主张现实主义和唯物主义的法家代表人物韩非子（约公元前280—前233）确实曾倡议改革来加强政府统治、富裕国家。他和他的追随者提出了法治的法家学说。但是在中国历史上传统学者的眼里，韩非子并未受到尊重，他悲惨的结局❶被认为是给想要重蹈其覆辙者敲响了警钟。另外两位知名的改革者是汉代的王莽（他在公元9—23年篡夺了皇位）和宋代的王安石（1021—1086），他们希望政府实行社会改革，反对无为政策。但两人都失败了。那些同情他们的人可以说，是反动分子的阻挠使他们未能如愿。但是，没有一位改革者胆敢以法来限制皇权，也没有改革者花费精力来研究，他们的改革是否完全或部分地被人民所接受。其实，没有证据显示，他们推行的政策是否符合人们的意愿。❷维护皇权的无限制性和加强政府对人民的控制就自然导致了与后者的冲突。西洋的政治史是

---

❶ 据司马迁的《史记》记载，韩非子受到诽谤，无以辩驳，因服诽谤他的人送来的毒药而死。见《韩非子全集》英文版，廖文魁译，伦敦：阿瑟·普罗赛因公司，1939年，第一卷，第xxii—xxix页。

❷ 见第一章注释6（本书第20页注释❶—— 编者）。

加强对权力的控制,使它逐渐对民意负责。而中国长时间以来的政治政策是软禁权力,以使人民不会感到不安(那些在此种体制下的少数未来改革者们比与他们对着干的那些人更倾向于威权主义)。无为主义是一种解决政治问题的方法,这一方法与宪法政府的积极制约不同,却是针对政治专制主义的"第一道防线"。❶

现在,我们意识到这种制度在现代生活中不起什么作用,因为在面临与全体人民密切相关的事务时,我们依靠中央政府采取措施。但是在经济自给自足的社会中,没有必要再动用除地方权力机构之外的其他权力。宪法政府是现代的成就。它在西方发展之前,那里的政治权力如同其他任何地方一样,受到传统道德的约束,在西方即得到教会超自然权威的强化。❷ 而且我们注意到,在工业发展之前起草的美国宪法认为,"最少管事的政府是最好的政府"。在中国,人

---

❶ "阁下如此宏材大略,不出来做点事情,实在可惜。无才者抵死要做官,有才者抵死不做官,此正是天地间第一憾事!

　老残道:'不然。我说无才的要做官很不要紧,坏就坏在有才的要做官。你想,这个玉大尊不是个有才的吗?只为过于要做官,且急于做大官,所以伤天害理的做到这样。而且政声又如此其好,怕不数年之间就要方面兼圻的吗。官愈大,害愈甚:守一府则一府伤,抚一省则一省残,宰天下则天下死!由此看来,请教还是有才的做官害大,还是无才的做官害大呢?"引自《老残游记》英文版,刘鹗著,林疑今、葛德顺译,上海:商务印书馆,1939年,第78页。

❷ 作者似指中世纪欧洲的情况,不过忽视了西方法律和宪法政府的概念发源于法律的形成时期,即公元前5世纪希腊成文宪法的制定以及后来罗马人对此的发展。在中国古代,对皇权或其代表的权力的限制的做法,似乎从来都不是衍生自成文或不成文的法律所界定的正义概念。

们不求助于法律，而是寄望于对绝对皇权的意识形态上的制约。可能正是受儒家意识形态的影响，在某种程度上政府权力的滥用才有所减轻。

由下而上的政治轨道

不过，这一节将强调第二道防线上的权力制约，而不是第一道防线。在我们传统的政治生活中，一方面我们用思想约束政治权力，另一方面又去限制行政体系的范围。这是把集权的中央悬空起来，不使它进入与人民日常生活相关的地方公益范围之中。中央派遣的官员到县级为止，不再下去了。一般研究传统中国行政机构的人很少注意到从县衙门到每家大门之间的一段情形，其实这一段是最有趣的，同时也是最重要的，因为这是强大的中央政权与自治的社区之间的结合点。只有对这个结合点有很好的了解，我们才能理解中国的传统体制实际是如何运作的。

我们先从衙门说起。我谈到由中央派遣的官员只存在于县级以上，因为以前在县级以下我们不认可政府部门的存在。知县代表着皇帝，被称为"父母官"，他应与群众保持亲密关系，但这位老爷的衙门像天一样高得让普通老百姓难以接近。衙门也不是一般人都能随便进入的。但是，在父母官和其子民之间有着一些往来接头的人。那些保持衙门与民众之间、治人者与治于人者之间联系的人是官僚的奴仆们。

这些衙役在中国的社会中居于最低的阶层之中,他们被剥夺了大多数的公权,他们的儿子不得参加科举考试。最容易滥用权力的人被置于如此低的地位,这也是中国权力体系中十分重要的一点。如果社会没有通过轻视他们、剥夺他们优越的社会地位的方式压制他们的话,他们可能就会像犬狼一样可怕。在没有提高社会地位可能的情况下,即使滥用权力,他们仍然不至过于令人惧怕。❶

在倡导无为政策的政治体制中,地方官没有什么工作可做。所以,从历史上我们可以了解到许多在这种职务任内花大把时间游山玩水或培育自身文学才能的例子。他们的工作只是收税和断案。就是第二项工作也没有多少事,他们的准则是最好没有诉讼。政府工作人员的任务是维持人们的正常秩序、收钱以及在需要时征集劳力。如果县政府的命令下达到每个家庭,那才真正意味着县是一个基本的行政单位。但事实并非如此。县的命令并不直接到达各家各户,而是发到地方的自治团体(在云南被称为"公家"的那一类组织)。我称这一组织为"自治团体",因为它是由当地人民组织以管理社区公共事务,如水利、自卫、调解、互助、娱乐、宗教等。在中国,这些是地方的公务,在依旧活着的传统里,它们并非政府的事务,而是以受到过良好教育、较为富裕家庭的家长为首,由地方社区来管理的。像灌溉这样的实务,

---

❶ 一般的衙役通常是受过一点点教育但算不上出类拔萃的人。因为受过教育,他不会情愿沦于从事普通劳动之列。

可能由没有学问的人来负责,但有学问的人通常在做决定方面有更高的声望。❶

但是,除处理地方上的公共事务之外,公家另外一个重要的作用就是在与政府打交道时代表人民。我有足够的理由将此二种功能——自治与代表政府——分离开来。公家负责人不沾手与衙门发生的官方关系,而是有特定人物代表社区与政府打交道,这些人被称为"乡约"(此为云南土语)。如我所言,在法定的政治体系中,并不承认自下而上的轨道,皇帝是绝对的,因此违背皇帝的旨意就是犯罪。但是在实际生活中,谁也不敢保证自上而下的命令一定是人民乐于接受的。因此,在实际的运作中,必须有与人们交流以及了解他们的意愿的途径。官府的衙役并不是把命令传达到公家,而是传达到乡约那里。乡约由社区成员轮流担任,其身份尤其尴尬,因为他在社区没有实权或影响,只不过是权力从上至下轨道的终点。他在接到政府命令后,相应地向公家的管事汇报,后者在茶馆里与士绅中的其他头面人物商讨,如果他与其他管事觉得命令难以接受,他可以拒绝并退回给乡约。这倒霉的乡约必须再次通报衙门,并且由于办事不

---

❶ 鲁迅在一篇名为《离婚》的短篇小说中,讽刺了士绅在处理乡村纠纷中的角色。一位女子想离开她的丈夫,又不愿听亲戚们的劝导。于是当地的一位乡绅七大人出来劝解。这位女子想:"读经书的一定是有正义感的人,他会帮受害者讲公道话。"七大人的权威促使她说出这样的话:"七大人是知书识理,顶明白的。不像我们乡下人。……这也逃不出七大人的明鉴,知书识理的人什么都知道……"最后那个女子不得不屈从于七大人带有明显偏袒的裁决。

力，还会成为官家的"出气筒"。不过，这样皇帝的"脸面"就保住了，因为这种违抗并非是直接的，而仅仅是以一种迂回的方式来表明。另一方面，非正式的协商也开始了。地方的管事以其与官位相当的士绅地位去拜会地方官，就政府指令一事进行协商。如果达不成协议，地方的管事就会委托镇上的亲戚朋友，再往上层活动，到地方官上司那里去交涉，有时可能会上至最高当局。最后某种协议达成了，中央政府就会自行修改命令，事情再次得到解决。

依照这种体制，地方管事不与被鄙视、不起眼的政府差人接头，因为如果自治团体成了法定行政机构里的一级，从下到上的轨道就被阻塞了。负责衙门的官员不能与属下胥吏自由交谈，只可与官僚体制之外的人或与他社会地位相仿的人讨论。在清代（1616—1911），中举的人可以用自己的帖子拜会地方官员。除了这种文人的特权外，除非他的头衔被取消，他还可以免受皮肉之刑。举人的功名县官无权取消，而只有地方教育官员才有此权力。那些可以与政府官员打交道的人被称作士绅。

我希望我已经在上述有些简短的叙述中阐明了几点：（1）在中国传统的权力体系中存在两个层次——上层有中央政府，下层有以士绅阶层作为管事的自治团体。（2）中央政府的权威事实上是受限的。由士绅管理的地方事务一般不受中央权威的干扰。（3）从法律上来讲，只有一条自上而下的传达皇帝命令的途径。但是在实际运作中，不合理的命令可以通过官府衙役、地方选择的乡约或其他此类的媒介人物而被打回。在讨论中国正式的政府制度时，通常没有认识到这种自下而上的影响，但无论如何它是有效力的。（4）自下而上传递影响的机制是由士绅的从政或不从政的亲属或参加同批考试的朋友的非正式压力来实现的。通过这种方式，影响甚至可以直达皇帝本人那里。（5）所谓的自治团体是由当地人民实际需要中产生的，而且享受着地方人民所授予的权力，不受中央干涉。当中央政权只征收一部分有限的赋税和劳役时，当地百姓可能会有"天高皇帝远"的感觉。但是保持中央和地方政府之间联系的重要性意味着，士绅通常会在当地组织中拥有决策和管事的地位。❶

---

❶ 费孝通在 1939 年记述了太湖南岸一个叫开弦弓的村子："当村头领的基础在于，不论他们代表社区面向外界时，或是他们在领导社区的事务中，都能得到公众的承认和支持。陈先生从做学校校长起家，周先生则是做一个丝绸厂的助手。他们的服务和才干使得他们获得了权威和声望。在村子里没几个有文化的人，能不计经济报酬而自愿承担责任的人更少。有抱负的年轻人对此职位又看不上——我在村里遇到的两个中学毕业生认为，这是一个枯燥无味且无发展前途的位置。故而，村正人选的选择余地并不大。

"虽然他们没有直接经济收入，但是他们享有很高的声望，接受曾得到他们帮助者的馈赠。比如，他们会受到人们的尊敬，对比他们年长辈分高的一代，除其近亲属外，可以直呼其名而不加表明关系的称谓。这也是一般人所不能做的。

"村正是易于接近的，因为村民都认识他们，外来的生人能很快地得到村正的接待。来访者会对他们庞大的工作量感到吃惊。他们帮助人们读写信件和其他文书，按照当地借贷规则算账，主持结婚典礼，仲裁社会纠纷，管理公共财产。他们要负责地方保安，管理公共基金，传达和执行上级政府的行政命令。他们积极地采取各种有利于本村的措施，村里的蚕丝工业改革就是一例。"引自《江村经济——中国农民的生活》，纽约：杜冬出版公司，1939年，第 108—109 页和第 106 页。

地方自治团体的崩溃

在上文对权力结构的描述中,"无能"不是个恶名。实际上,并没有出现对"效率"的要求,因为与人民利益直接相关的事务在正式的政府之外得到执行。地方自治团体迎合当地需要,满足地方上的要求。偶尔,地方政府也试图管理琐碎小事。比如,在云南有一个村庄,如果已婚夫妇没有生育,他们会受到象征性的责打,甚至还要被少量罚款。地方自治组织还管理传统的宗教性活动。因此,皇帝无为而能天下治的原因是有着无数这类地方团体到处在勤修民政。既然皇权只向人民索要赋税和劳力这两样东西,效率低下、舞文弄墨的官员的存在从一定意义上说也是人民的一种福气。但这种机制只有在一个高度自给自足的经济中才行得通。当有村际事务,像大型灌溉或其他公共项目或公益事务启动以及出现战事时,无能的中央政府就成了一件坏事。这一点容易看出来。中国经济的发展使中央政府的工作增加。理论上讲,政府本身没有改变的必要,因为我们已经有一个高度发展的中央集权的政治体制。我们只需要有更高的工作效率。从法律上来讲,中央政府的权力可以大到无限,因此提高政府效率确实可能破坏防止权力被滥用的第一道防线。不过,对于无为主义的防线的溃决,我们不必加以惋惜,毕竟,这本是十分消极的限制权力的办法,几乎不适用于现代社会。但当效率更高的保甲制度引入进来(或者说重新引入)之后,对第二条防线的破坏，即对高度发展的地方自治机制的破坏，就是另一回事了。

保甲制度❶是把自上而下的政治轨道筑到每家的门前，实际上是把国家的警察制度这条轨道延长到了各家门内。保甲制度有它推行的原因。在旧的传统制度中，政府管理缺乏彻底性，政令执行半途而废，自上而下的轨道因而受阻。似乎政府直接与人民打交道比事事经当地组织效率要高得多。另外，当保甲制度在20世纪30年代得到实行的时候，人们期望它迟早能够起到自治政府的作用，以便在这一公认的基层上行轨道上可以建立真正的民主代表体制。然而，后一结果从未得以实现。保甲制度有一些缺点使其不适于一种代表

---

❶ 保甲制度是指由十户组成一"甲"，一甲的成员对相互的行为负责；十甲组成一"保"。这种保甲制度在中国或多或少地起作用是从1932年始。当共产党推翻了原政府之后，就将此制度废除了。这一制度最初是在1069年或1070年由著名的政治家王安石建立起来的。照费孝通所著《江村经济——中国农民的生活》一书来看，引入这一保甲制度是基于军事的考虑，为的是对人民进行登记和组织，以此来更有效地阻止当时共产党的发展。杨懋春说："保甲制度恢复（据称为一种社会控制的旧制度的恢复）之后，每一户家庭都要在自家大门的门楣上贴一张卡片，上面写着家庭成员的姓名、年龄、性别、亲属状况和职业……政府最近开始实行保甲制度，但是除了极少数的人，村民并不照此遵守。他们不会举报某个邻居家的儿子犯了什么过错这样的事情。这种不情愿主要是源于传统上的邻里关系，这种关系的存在使得一个村民很难做到向某个政府或是一个外人报告村里另外一个人所做的坏事情；另外还源于这样的事实，那就是之所以采纳这一制度，主要是由于政府要消灭政治上的异己分子，特别是那些被指控为'赤化分子'的人，而通常对政治当局不满的人可能与其村民同乡关系很好。"引自《一个中国村庄——山东台头》英文版，杨懋春著，纽约：哥伦比亚大学出版社，1945年，第9页和第150页。

制的民主制度。在保甲制度下，人们被组织成略有差别的按数目统一排列的群体单位。但是，这些单位并不与实际存在的社会群体等同。社区的规模是由历史和社会力量决定的；我们不能人为地向一个家庭或社区增加成员并使其成为其中的一员。通过推行保甲制度的统一性——这只是为了管理上的方便，特别是管理征募事务——地方自治的原则被弱化。通常一个社区被分成许多"甲"，几个互不联系的单位又被合并为一个"保"，其结果是一片混乱。实际上是存在着两个重叠的体制：一是上面强制实行的保甲制度，另一个是现属非法的自然形成的地方组织；这两者之间很容易发生冲突。

双轨的拆除

导致冲突的第一个严重问题发生在保甲头领即保长的人选上。保甲是一个执行上级命令的行政机构，同时它也是法律认可的指导地方公共事务的组织。在传统体制下，这两种职能由三种人物分担，他们是衙门里的差人、地方上充当代表和媒介人物的乡约以及地方士绅的领袖管事。当三者集中于保长一人之身时，人们以为中央政府的命令会像以往一样被人们接受并得到执行，但随之新制度即刻出现了实际的问题。首先，社区中有声望的人通常不愿接受保长之职。作为当地乡绅，他们更愿保留与官僚同等的地位，而不愿接受社会地位降低，使其不得与官僚平等磋商而只能接受上级命令的结局。其实，保长作为媒介人物的地位相当于乡约。不过保长和乡约又不完全相同。乡约没有权力，保长与地方官员有同等的权力并可以保留公产及管理当地的事务。问题在于，接头人物和管理人物的职能被人们混淆。工作积极的保长易与当地士绅发生矛盾冲突，而在冲突中政府利益和地方利益之间的桥梁也不复存在。为了自己利益接受保长之职而处于管事地位的乡绅会发现，自己实际上处在一种更不利的境地——他们再难抗拒来自上面的政令。这样，地方社区成为了政治体制的一个死角。人们没有其他途径表示他们对中央政府的不同意见，当情况变得难以忍受时，他们只有起来造反。

因此，保甲制度不仅扰乱了传统的社区组织，而且阻碍了人们生活的发展，它还破坏了传统政治制度的安全阀。保甲制度这种新的体制也没有有效地替代传统的自治组织。最终的结果是将旧的制度置于法律的保护范围之外，使其不能公开活动。僵持、低效甚至对基本管理机制的破坏就是由此而带来的后果。

下行轨道的延伸是为了协助政府命令的实施。虽然通过保甲体制达到了一个更集权化管理的目的，但是由此产生的只有低效，因为在下层存在着僵持的状态，政令很难得到真正的执行。在征税和征募劳役的过程中，这种体制确实取得了更高效的结果。但在所有的地方重建项目或增产活动中，保甲制度做到的只是把有关政令收在保公所文件里。其实，现在大家都认为保存档案成了保甲的一项主要功能。在这种条件下，即使是个能人，身居保正之位也没有什么机会实现任何社会变革的实际举措。

第五章

村、镇与城市

在讨论了士绅在中国政治结构中的地位之后,下面我们来看一下他们在经济秩序中的地位。要理解这一点,我们先要认清城乡社区形式的差别以及把城乡结合在一起的经济和其他关系的本质。我们可以看到人口聚集的五种类型:村、衙门围墙式的城、临时集市、镇和通商口岸。

人口与城市社区

怎样的社区才能算一个"城"呢?这个问题很难回答。美国人口局规定2500人以上聚居的地方称作"城";市区人口超过5万,近郊区域的人口密度为每平方英里150人以上的社区,称作"都会"。但是,并不是所有社会学者都同意这个标准。实际上,没有绝对的被广泛认可的标准。例如,马克·杰斐逊就认为,人口密度在每平方英里1万人以上才能称作城市,而沃尔特·弗朗西斯·威尔科克斯则认为每平方英里有1000人已足以称为一个城市。❶虽然他们在数量问题上意见不一，但都把人口密度作为划分城乡的标准，这种做法是可行的，因为在美国人口密集的地方往往就会建成一个城市。中国的情况则有所不同，例如在我的家乡江苏省，平均人口密度为每平方英里超过500人，山东为615人，浙江为657人，在这些省的某些地方，人口密度甚至超过每平方英里6000人。❷如果采用威尔科克斯的标准，这些都可以叫作城市社区了，这显然与常识不符。如果我们同意情况与美国截然不同的中国要有一套不同的标准的话，那么问题是：我们应该用哪一种标准呢？很明显，仅人口密度不足以区分城市和乡村社区。

从人口角度来研究城乡社区时，重点应放在人口的分布而不是数量或密度上。我们认识到，随着人类经济生活的发展，一个区域会产生若干人口密集的中心地点，像细胞中产生了核心。一个区域的核心就是"城"，核心的外围人口密度较低的地方是"乡"。在人口聚集过程中，核心和外围区域在人口密度上不可避免地会产生差别，但是我们不能以

---

❶ 参见《美国人口研究》，沃尔特·弗朗西斯·威尔科克斯著，纽约伊萨卡：康奈尔大学出版社，1940年，第6章"人口密度：城市和乡村"，第117页。马克·杰斐逊的参考文献出处未知。

❷ 中国从未有过真正的人口统计。为了赋税和徭役的目的，才在非常不精确的估计的基础上计算人口数量。但是，1932年至1937年期间，做了7次实验性的人口统计，其中6次是限于一个县内，第7次是一个县的局部地区。这些县分散在5个省，3个在江苏省，其余分别在湖北、山东、浙江和福建。参见《现代中国人口》，陈达著，芝加哥：芝加哥大学出版社，1946年。

每平方英里的这个或那个人数作为区分不同经济发展阶段的社区的基础。假设一个地区人口密度高,我们的主要问题是分析为什么人口会聚集在少数几个地点上。

在自给自足的经济中,无论是游牧还是农业,每个生活单位都可以独立生存,人口可能在一个区域上散布开来。没有什么经济需求促使人口聚集,即使个体聚集在一起,也不会存在经济上的差等。以耕种土地而言,如果不考虑其他而只考虑实际的原因,农民最好是住在他所经营的土地上,便于耕种和收获。这就是所谓的散居式的农业,在美国极常见。❶ 但在中国,除了几个地方,如四川的山区,其他地方就很少有了。中国的农民不是各自独居的,而是聚居在村落里。这种模式的形成有两个特别重要的原因,就是亲属的联系和互相保护的需要。在中国,兄弟平均继承父亲的土地,他们都希望共同生活在这片土地上。如果周围还有闲散的土地,家庭就会开垦扩展土地,几代之后就可以发展成一个小的同姓村落。亲属的联系也使他们住在同一个地方。另外,土地和居住地点间距离上的增大在经济上的确是不利的,但是这种聚居在安全上却是大为有利的。农业社区很容易遭到侵略,农民获得安全的最佳方式是将他们的家庭集中起来,在一个地方从事生产工作,这样更容易保护,周围可以围上墙。这种农户的聚居点我们称作"村"。

---

❶ 美国分散的农场当然是例外。全世界传统的农业人口往往是聚居在村子里而到村外面去耕作。

从农舍的建筑本身就可以看出对防卫的重视。山区的村落较小，分散的农家建筑带有围墙，像原始的堡垒。或者，如果建筑不是这种结构，我们会看到外墙上是没有窗户的，整座房子完全是向内的。大一些的村落里有的在中心区域还筑造了围墙，必要时居民可以撤退到围墙之内去，每家的农产品也可以储存在这里以备受外来侵略时用。即使在较为安定、秩序较好、水运比陆运更为重要的地区，比如被称作天堂的江苏，每晚或在紧急情况时，河道都要以木门隔断。但是这里的建筑样式有所改变，窗户朝向街道。

作为一种自给自足的生活单位的聚居，无论其在形式和大小上如何变化，只要成员之间没有功能上的区位分化和劳动分工，我们就把它认作村或乡村社区，而不是镇或城的中心。村落可以看作一种组织。另一方面，中国的镇不止有一种，而是根据功能的不同在类型上也有所不同。

衙门围墙式的城：一个政治中心

一种重要的城市中心类型就是有围墙的城镇或者说"城"，这个字最初的含义是指"城墙""包围"或"防御工事"。防御工事可以在大小或质量上有所不同，有时一家，有时一村。但是称作"城"时，则指较大规模的城墙或防御工事，它所保卫的是一个政治中心。建造这样一个大的城墙工事不是私家所能单独完成的。这必是一个公共的工事，由较大区域的人民共同负担。这种大的城墙工事是要凭借政治权力和政治目的才能修建的。

因此,在一个依靠武力来统治的政治体系中,城墙是统治阶级的保护工具。城是权力的象征,是维护权力的必要工具。所以,城的地点经常是依照政治和军事的需要而定的。在皇权代表的驻扎地点必然要有一个保卫设施的城。每一个县在皇帝的代表知县住的地方要有一个城。如果有的县不能单独建造城的话,几个县的政府有时合住在一个城里。换句话说,城是保护"衙门"(官署)的。城的存在清楚地表明了前面讲过的理论,即在中国,皇权常常需要保持警惕和自我保护。

在云南,我们看到,建造县城的通常做法是一半在山丘上,一半在平地里,以易于防守。如果建在平地里,沿城要掘一道环城的水道,叫"池"(有水的城池)或"隍"(无水的城池)。(由此延伸,在神灵世界中控制这一地区的守卫者,就是与现实世界中的县令平起平坐者,叫"城隍"。)很明显,城和池是久远的中国历史上的权力之位的象征。在城墙内,即使是在北京和南京这样的大城市内,也通常有一些可以耕种的土地,万一城市被围困,这些田地可以供给居民不易储藏的食品,即使到今天也是如此。依照传统的观点,理想的"城"是一个能自给自足的堡垒。即使在今天,遇有危急情况,官府也要下令关上城门。最近,即使在北京的军事管制实行以前,城门每晚都是七点钟关闭的。

虽然城象征着安全,但城区的人口并不一定要比外面社区的人口多。实际上,云南有许多县城比邻近的村子要小,但是,有着良好防御工事的城区有它吸引人口的力量。像我们前面讲过的那样,在中国,一个富有的人或稍有些财富的人从来都是不安全的。由于劳动成本很低,地主不必非常富有就可摆脱耕种土地之累,在这种情况下,他可能更愿意把土地租出去,然后搬到城里去住。剥削而来的财富需要得到政权的保护,必要时用政治权威来为不在当地的地主收租。在云南,一队士兵曾被派去收租。❶ 像前面所描述的那样,地主希望与官僚保持密切的私人关系,正是官僚与地主阶级的这种联合使得围墙式的城镇有其特色。

为了城里居民的需要,手工业发展起来。地主集中的数量越多,积累的财富越多,手工艺从业者也就越多,这类手工业品的种类也越多,手艺也越精细。成都的银器、苏州的刺绣、杭州的丝绸和北京的景泰蓝都是手工业高度发展的例子。在这类中心地区,各地的土特产如毛皮或药草等影响更加深远的贸易也可能发展起来。但是城并不是一个典型的贸易中心,也不为农民提供生活用品。上面所列的那些奢侈的消费品不是生活在拮据经济状况下的农民所能购买的。生活在城里的手工业者,如裁缝(在大户人家的前门占一块地,

---

❶ "大地主建立了自己的收租机构,小地主与他们合伙……到 10 月底,收租机构会来通知每个佃户当年应该交纳的地租数目。这件事会由专门的代理人来传达。这些代理人由机构雇佣,并由当地政府授予他们以警察一般的权力。"引自《江村经济——中国农民的生活》,纽约:杜冬出版公司,1939 年,第 188 页。

也同时充当门房)、木匠、卖药的、银匠以及其他人,他们并不为农民服务,而是为地主服务,有点儿像中世纪为他们的主人服务的艺匠。这些行政防御中心地区的经济活动,并不以生产者之间的商品交换为基础,而是以主要通过剥削农民而获得财富的消费者的购买力为基础。❶

地主除了从地租获得收入之外,还利用他的资本从事典当、高利贷、米行等经济活动,以此来增加收入。我在一个县城里调查放高利贷的情况时,一位朋友就告诉我:"城里这些人全是放债的。"这句话并非完全是事实,他可能只是说放债的人很多罢了。那些贫穷的乡下人来此借债最终不得不把地卖掉来还债。❷

---

❶ 与皮朗所描述的封闭经济时期欧洲中世纪的城镇相比:"显而易见,城镇首先是军事设施……战争爆发时,居民把它当作一个避难所,和平时期在此参加公众正义集会,或还清他们在这里所借的贷款。但是,城镇没有显示出丝毫的城市特征……在这种环境下,任何商业或工业都是不可能的,甚至是不可想象的。它不生产任何东西,依靠从周围的农村获得的税收来维持,除了作为一个单纯的消费者之外,没有任何经济上的作用。"引自《中世纪的城市》,亨利·皮朗著,普林斯顿:普林斯顿大学出版社,1925年,第75、76页。

❷ 刘大钧在他最近出版的《中国的经济稳定与重建》(新泽西新布朗斯维克:鲁特格斯大学出版社,1948年)一书中,不太赞同费先生对典型地主的描述:"虽然地主剥削佃户,但是剥削佃户和小农户最厉害的是那些职业的放贷者……在战前做的一些案例分析中,这些农村的'夏洛克'们收取的年利息一般是50%—100%,比城里银行10%—15%的战前利息高出很多倍……虽然吝啬的地主经常以与放高利贷者相同的条件借钱给佃户,这样的人相对很少。避免让佃户背上过重的债务也符合地主的利益,因为那样会影响佃户种地,因而影响收租,特别是在共同耕种的情形下更是如此。而且,地主——尤其是较大的地主——有一定的社会地位,不愿意与放高利贷的人混为一谈……在有些情况下,(转下页)

而米行老板的投资可以通过投机和单纯的米的买卖来获得丰厚回报。他在米价低时买进，等到米价高时再卖出。在许多地方，米行还有另外一个功能，就是碾米，以前是利用水力，现在则用柴油机或电机。（但特别是在内地的乡村，我们仍可见到人们是用舂米的方式。）

总的说来，这种城对于工业和商业的发展都无益，即使是实际存在的工商业，很大程度上也是为那些由于政治和安全的考虑而居住于此的富有阶层服务的。

由贸易发展而来的集市和镇

在中国，乡村经济自给程度很高但不完全，有些农民的必需品是从别村或外界交换而来。所以我们在乡村也能见到贸易活动，这是人口集中的另一个因素。作为贸易中心，我们可以把临时性的"集市"与"镇"区分开来。

在中国内地，临时性的集市仍旧非常普遍。各地方的名称不同，意味着它们是在地方上发展起来的，而不是像"城"一样由上面推行、遍及全国。临时集市是指生产者之间相互交换的场合❶，由于生产者不能每天都从事贸易活动，

（接上页）地主可能把钱借给自耕农，目的是想占有他们的土地。因为当这些农民债务累累时，他们经常被迫卖地来偿还债务。但是这种狡诈的地主并不多见"（第42—43页）。

❶ "中心集市孙家镇1932年每月牲畜买卖的记录表明了定期集市（转下页）

第五章 村、镇与城市

因此这样的集市每隔几天才有一次（云南通常是六天一次）。赶市的那一天，各村的乡民提着他们要卖的东西上街，赶集日结束时再带回交换所得的东西。各地集市大小各不相同，大的集市有时会有上万人。在云南的龙街、羊街和狗街，站在山坡上往下看，人山人海，来来往往的人群就像起伏的波浪。人群太过拥挤，接踵摩肩，连前行都很困难。但拥挤的人群并不会持续很长时间，太阳落山时，他们先后离去，到了晚上就没有人了。

临时的集市不代表社区，它不过是一个交通方便的地点。一般来说，它必须是一片开阔的空地，附近有庙，易于人们聚集。随着贸易的发展，这种集市变得越来越频繁。渐渐地，在空地周围出现了贩运商品的小型栈房和供人休息的茶舍。随着对外界商品需求的增长，贩运商人运来的商品已不够用。一段时间后可能就会在靠近集市中心的地方出现囤

（接上页）与当地产品（主要是农产品）的密切关系。买卖的波动与当地的农业节气完全吻合。……在播种季节，肥料、锄头、犁以及其他与播种有关的用具在集市上广泛出售。在收获季节，集市上则大量供应镰刀、捆庄稼的绳子、筛子和打谷用的席子。收获季节刚过，到了农闲季节，集市上又出现了做鞋用的纸板、棉纱、梭子和其他纺织用品、丝线和其他缝纫物品……

"在11个集市的所有商人中，一天内有69.8%的人出售自己的劳动或产品，包括农产品和手工业品……

"对37户农家的调查表明，有33户完全依靠定期集市来处置他们的农产品；只有4户拥有较多农田的人把25%的粮食直接卖给商人。……家庭工业产品例如手织布、自制的鞋和手工缝制的物件只能依靠集市出售。"引自《华北的地方集市经济：山东邹平县定期集市研究》，杨庆堃著，纽约：太平洋国际学会，1945年，第10—11页。

积商品的仓库，最后发展成为永久的社区，我们不妨将此叫作"镇"，或者"市"。

在水运比陆运快捷的太湖流域，镇尤其易于发展。像我在《江村经济——中国农民的生活》一书中所描述的那样，有一种为村民买东西的"代理航船"，每只航船代理一百多户农家。它们每天一早从村子驶出，下午回来，能为很大一片区域提供服务。在镇上，常常有几百只船为几万农家办货。镇里的商店和个别的船只维持着专门的供应关系，有了这样大的消费区域，大的商业中心可能得以维持下去。但是在交通不便的内地，这种镇是很少的。

市镇和城不但在概念上可以区分，事实上也是常常分开的。在云南这种情形可以看得很清楚。昆明这个大城的附近就围绕着六七个临时集市。当然昆明最近已发展成一个商业中心，但它不是通过乡村的消费发展起来的。昆明的主要街道有卖洋货的百货公司和金店，从这里买东西的人多数是城里的居民和从别的镇来的商人，只有很少的村民直接从这些店铺买东西，他们是从环绕着城墙的集市上买自己所需要的东西。

我们可以举云南的另一个衙门围墙式的小城为例，其城墙内只有一条主要街道。这条街上有几家茶舍、一家理发店和一家干货糖果店。在城外，步行十五分钟就是龙街，虽然与城相隔不远，但截然不同。城代表了政治中心，以安全为主要目的，地点选在山坡上，易于防守；而集市由贸易发展而来，地点选在十字路口，便于附近的村民往来。以太湖流域的情形说，我的故乡吴江县的县城远不及附近的震泽等市镇大和发达。在清朝，两个县政府同在这个县城里，但是除了政府衙门之外，主要是私人住户，只有一条主要的街。由此我们可以清楚地看出城和市镇的不同功能来。

城和市镇确实有着一些相似之处，因为市镇也是地主们蚁集之所。当他们居住在经济中心时，就有更多的机会把从地里得来的钱财用作商业目的。但是，根据传统的标准，做生意的地主比在城里的官僚地主地位要低。然而，随着这个传统渐渐被打破，镇上的高位往往意味着离城里的高位更迈近了一步［参照费孝通著《乡土中国与乡土重建》，原意为"镇的地位事实已有超过了县城的"（台北：风云时代出版公司，1993年，第136页）——编者注］。在镇上，店铺成为社区的中心，随之发展了一些小型的工业和手工业来为社区服务，并向乡村地区出售产品，在这方面很类似于城。

即使城和镇互相交错，甚至有时会联合成一个社区，但是把它们从概念上区分开来似乎仍很必要：城是传统官僚地主和富有士绅的基座，镇是联系乡村工业和更为发达的商业与制造业的纽带。

通商口岸

现在我们讨论最后一种人口聚居的形式——通商口岸。应该认清的是，从通商口岸发展而来的中国现代城市不仅与传统的镇或县城有所不同，也与现代西方大都市有着明显的区别。那些提倡在中国实行都市化的人常常认为上海与纽约、伦敦相似，这是一个很大的误导，因为中国的城市与西方的都市有着真正的和本质的区别。纽约和伦敦这样的大都市可以看作一个大的经济区域的神经中枢。中心地区的发展预示了内地的发展，因为它们连成一体，通过这种联系促进了不同地区劳动的经济分工。但上海不同，它不是一个经济自立区域的中心，而是由于政治协议而被迫开放的口岸。它是通向经济不发达的内陆地区的大门，向着西方开放，而不是像纽约和伦敦那样通过自身内地的发展而发达起来的。上海和其他通商口岸是不同层次的经济影响的结果。上海起初只是一个小渔村，在传统经济中的地位无足轻重，但自从成了内地对外开放的大门之后，它发生了巨变并极度繁荣起来。

但是上海的繁荣并不意味着内地的繁荣，因为它并不代表共同发展，而是一种高级经济力量的确立，以逐步支配欠发达的地区。像上海这样的通商口岸，很长时间以来都占据着特殊的政治地位，它们是外国人的居住地，不受中国的控制，这一事实并非偶然，因为从经济上来讲，它们也是与中国的经济相脱离的。一方面，它们是外国商品得以进入中国的大门；另一方面，它们也是中国财富外流的老鼠洞。我把通商口岸称作"经济鼠洞"，是指它们根本上是与县城相似的，是消费者的社区，而不是生产者的社区。那些认为商业是互利行为，进口与出口要达到平衡，否则贸易就会停止的人也许会对这一点提出疑问，对于纽约也许是这样，而上海则不同。可以确定，上海有出口商品，包括国产的原材料、金和银等，而其他商品不足以达到贸易上的平衡。但是这些商品都不是在上海或附近的工业区生产的，它们是来自农村的原材料。如果上海可以使外国人来消费中国产品，那么它或许可以与纽约或伦敦获得相似的地位。事实却是，出口商品的生产者不能从进口商品中获得同等的价值。上海人收集原材料出口到国外，而自己消费进口商品，这种关系与我上面提到的县城里的传统体制非常相似。

但通商口岸与传统的县城有一点不同，后者的商品在其生产地或至少是附近地区消费，而在通商口岸，消费品大多是来自国外的进口商品。通商口岸本身作为受外国影响的一个巨大中心，在买进本国产品的国外替代品时是非常有效的。所以我们在中国又发现了一个有财富、有影响的阶层，即买办阶层。❶ 一部分外国商品进入内陆城镇，但主要市场仍是在通商口岸或外国人的居住地。由于这些地区的政治

---

❶ "对于那些与西方商人直接接触的人，我没有关于他们家庭背景的足够材料，但我可以充分地料想，那些'二手洋人'，至少在初期，主要是来自被传统社会排斥的人群，他们在社会中已经丧失了地位，试图通过非法手段捞取利益。通商口岸对他们开放。如果他们在社区里找到正常的工作，例如给洋人当差或当翻译，他们就逐渐变成了买办；如果找不到工作，他们就组成帮会。他们生活在文化接触的边缘，同时也在利用这个边缘。他们在文化上处于中间地带，操两种语言，道德上处于不稳定状态。不仅在宗教上，而且在文化价值上，他们都肆无忌惮，推崇金钱、个人主义和不可知论。"引自费孝通，《农民与士绅》，载于《美国社会学学刊》第52卷，1946年7月，第14页。

相对自由,这里聚集了所有自认为不能待在内地的人,实际上成了各种难民的"大旅馆",这样称呼是因为大部分人都带着钱来到这里消费,这些钱并不来自通商口岸,而是来自附近的乡村。乡村的财富如同被粗细不一的吸管不断吸出,涌入这些通商口岸。显而易见,上海这样一个工业不发达的都市,拥有仅次于纽约和伦敦的人口,不能自给自足,而要靠来自乡村的收入。❶这样看来,它只是一个县城,一个依靠别人的消费者和寄生虫聚集的社区,而不是一个现代的高度发展的都市。

现代都市是工业化的结果。一个非工业化国家不会有纽约或伦敦这样的城市中心。通商口岸带来了工业化经济对简单经济仍占主导地位的不发达地区的入侵,这就产生了一种不应该归入现代城市中心的特殊社区。为了理解这一社区的特征,我们现在所做的研究还远远不够。

---

❶ 以此与古代罗马的帝国主义相比较。"所有这些明智的城市文明的扩张都埋有自取毁灭的种子。这是一种外部和表面的发展,像东方或 18 世纪俄罗斯的现代欧洲文明。这是由上层强压下来的,从未被下级百姓完全吸收。它本质上是有闲阶级、城市资产阶级及其仆从的文明,虽然都市化进程促进了文明的进步,但是它也导致了非生产性花费的大量提高以及帝国资源吃紧的不断升级。正如罗斯托夫教授所说,每一个新的城市都意味着创造出一个新的蜂巢。"引自《欧洲的诞生》,克里斯托弗·唐森著,伦敦:席德与沃德出版社,1932 年,第 12 页。

第六章

乡村生计：农业与手工业

关于中国乡村和都市的关系，有两种明显的观点：一种认为乡村和都市互补互利；另一种则恰恰相反，认为二者相敌对。

当然，在理论上，一个国家的乡村和都市本是相关的一体。乡村是国家生存所需的农产品的生产基地，生活在都市的人不从事农业，依靠来自乡下的食物供给。这样城市社区就成了农产品的市场，市场越发达，粮食的价值就越高，乡村也就获利越多。都市还是工业中心，工业原材料如大豆、桐油、棉花和烟草等在乡村产出。这些工业原料有时比乡村产的食物价值更高，于是被称为经济作物。随着城市现代工业的发展，其内陆地区可以根据土壤性质和其他条件等因地制宜发展这类作物。另一方面，都市里的工业制造品除了供给市民外，剩余的大部分都流入了乡村，这样便有了工业制造品和乡村的粮食及原材料的持续交换，这是一种使双方生活水平都能得到提高的城乡间的贸易。

城乡互补的理论基本能被接受。因此，如果要提高中国人民的生活水平，那么加强城乡经济联系是首要的。大多数中国人仍生活在乡村,以农业为生,要增加他们的收入,就要增大对都市的农产品输出,并发展都市工业以扩大农产品市场。

但是从最近的中国历史来看,中国都市的发展似乎并没有促进乡村的繁荣。相反,都市兴起和乡村经济衰落并行。在抗日战争最初几年,大多数现代沿海都市被占领,城乡经济联系被封锁、中断,而中国乡村有一度的喘息(如果不说是繁荣)。这像是证明了在中国城乡之间的联系对乡村是不利的。如果这种观点正确,那么对乡村人口来说,城乡联系越少,对乡村越有利。

对于我来讲,上述两种观点都有其正确性。第一种理论适用于正常情况下的经济关系;第二种适用于中国目前的情形。本应为双方都带来繁荣的城乡关系失败了,甚至在乡村引起了灾难。让我们以此为基础来研究一下这种乡村经济。

分田与人民的福利

研究乡村经济的衰退时,最能引人注意的一点是租种土地的制度。当一个人自己没有土地而是从别人那里租地时,他一般要拿出收成的一半来交租。这样的租金高吗?我们来看一下它与全部收入的关系。我以一个村子为例。在江苏南京和上海之间太湖流域的一个村子里,每个农户耕种的土地平均为8.5亩,相当于1.29英亩。平均每英亩可产大米

40蒲式耳，1蒲式耳相当于67磅，这在中国算是收成很好了。所以，年景好的时候，平均每个农户的大米产量是51.6蒲式耳。每户平均人口为4.1人，平均消耗粮食相当于2.9个成年男子的消耗量（依阿特沃特能量价值体系标准修正后折合）。每个成年男子平均消费7蒲式耳或470磅米，每户平均消费20.3蒲式耳米。从全部收成中减去消费的数量之后，还剩31.3蒲式耳米。现在假设土地是租来的而非自有的，地租一般是收成的一半，即25.8蒲式耳米。除去地租和一家口的粮食之外，至多仅剩5.5蒲式耳米。我们可以假定一下其他作物产量的价值，包括手工艺品，大致相当于10蒲式耳米。这样，除去地租和消费的粮食以外，每个家庭可以花费的大约相当于15.5蒲式耳米的价值。假定一个中国农民的各项花费比例是42.5%用于吃饭，42.5%用于其他消费，15%用于农业投资，那么这个数目够用吗？这样看来，除了基本生存费用外，一个农户还需要相当于20.5蒲式耳米的钱用作其他消费〔参照费孝通著《乡土中国与乡土重建》，此数据应为28.4蒲式耳（1993年，第187页）——编者注〕。如果一户人家除了从地里获得的收入以外再无其他收入，那么他们大约缺少价值相当于12.9蒲式耳米的家用。❶这样一个家庭如果要生存下去，只能是要么寻找其他

---

❶ 参阅前引费孝通、张之毅所著《被土地束缚的中国》（芝加哥：芝加哥大学出版社，1945年）一书中关于云南三村和江苏开弦弓村的家庭费用的相关资料，第84—108页和第297—302页。12.9这个数字存在明显出入，原因可能是假设一部分副产品由农家自己消费了。

收入来源,要么负债。

如果农田面积大一些,那么交租后剩余的粮食的确就会多一些。但是不仅可耕种土地的面积有限,而且在目前的农业技术下,农村家庭自身耕种土地的能力也有限。我们在对云南乡村在农忙季节的劳动力问题的分析中发现,夫妇两人只能耕种三亩地。换句话说,如果他们想种更多的地,在农忙季节,他们只能或雇佣别人,或交换劳动来获得帮手。因此耕种土地的数量不仅取决于可耕地数量,还取决于劳动力的组织。一般来讲,一个农户自己所能耕种的土地面积,不会大大超过江苏农民的平均水平。[1] 具有相对而言大面积耕地的地主自己不能耕种,经常把地分成小块租给别人种。这样从管理的角度讲,就不仅仅有土地再分配的问题,更有提高耕种和组织技术的问题。

实际上,即使在村民之间平均分配土地,通常农户平均耕种的土地面积也不会增加太多。比起西方国家的耕地,即使是所谓的"大地主"所拥有的土地面积也是微不足道的。[2]

---

[1] 参阅前引费孝通、张之毅所著《被土地束缚的中国》,第 8 章 "农业劳动",第 141—149 页。

[2] 李索州在一篇关于《山东潍县的大地主》的论文中讲到,根据当地的测算标准,一户农家拥有 8000 亩地(或 4000 英亩),而根据官方的测算,每户拥有 2.4 万亩(载于《农业中国》,太平洋国际学会再版,芝加哥:芝加哥大学出版社,1938 年,第 15—17 页)。在这本文集中,吴少朋在《苏北的土地集中》一文中讲到,地主拥有 1 万—2 万亩的土地(第 11—14 页)。但是费孝通在《被土地束缚的中国》中描写道,云南乡村的地主或富豪拥有 300 亩地就足以建造一座大的寺庙和房子(第 278 和 296 页)。据说获得了 "大量土地" 的富商是指买了 300—500 亩地的人。

土地的重新分配不会减轻农业资源的人口压力。减少农村人口的需求依然有效。❶但是认为由于土地再分配不能使农户耕种面积增加多少，所以拥有自己的土地对于农民的生活质量并没有益处的观点是错误的。根据我前面讲到的，如果江苏农民不必交地租，那么地里的收成也许就可以让他们生活得很好。收获的粮食和手工艺品的价值加起来相当于61.6蒲式耳米，其中20.3蒲式耳米用于食物，20.3蒲式耳米用于消费品，8.4蒲式耳米用于农业投资，这样农民的生活就能达到小康的最低水准，即"不饥不寒"。

乡村生计——手工业和农业

如果前面的分析是正确的，那么佃户就不能仅仅依靠地里的收成来维持哪怕最低的生活水平。但是，佃户在中国有着漫长的历史，为什么有关佃户的问题直到二三十年前才变得特别严重起来呢？我认为乡村经济的艰难的确在早期就已存在，但是在传统的乡村生活中，有一种因素防止了地主和佃农之间矛盾的恶化，这个因素就是乡土工业——乡村的工业和手工业，就是前面讲到的农业的附加收入。中国从来都不是一个纯粹的农业国。早在孟子时代，农民被要求在他

---

❶ "要强调的这一基本事实极为简单，即中国的人口太多，而现有资源又无法支撑他们。"引自《中国的土地和劳工》，理查德·亨利·托尼著，伦敦：乔治·艾伦与昂温出版公司，1932年，第103页。

们的宅地附近种上桑树以养蚕织丝。❶ 中国早期对发展与西方的商业联系缺乏兴趣，部分原因是在原材料和生活必需的制成品方面实现了自给自足。可以肯定的是，这些必需品不是产自大型的制造厂，而是分散于无以计数的村子里。除了某些地区的特产外，如太湖附近某一小地方的生丝（英语中称为 tsatlee "辑里丝"）、龙井茶，景德镇的瓷器，广泛分布的乡村工业 ❷——如纺纱业——大部分是由很多农户在家里完成的。我年轻的时候曾帮祖母纺过纱，而我母亲的嫁妆中就有个织布机。制造工业分散在家庭里可能阻碍了生产技术的提高，但这却是中国传统生计中的一个重要事实。从家庭工业中得到的额外收入使得土地不足的农家足以生存下来。

让我们回到农民的平均耕地面积小这一问题上来。我们可能会说直接原因是乡村人口太多。为什么会这样呢？有些人认为这是个愚蠢的问题，因为他们觉得这是一个生物学的而非社会的现象。或者他们又会认为，人口过多的基本原因是受了传统儒家大家庭观念的影响。但是从劳动力需求的角度来讲，正像我前面提到的，这个问题还有另一个答案。农作活动很具有季节性，农忙农闲互相交替，忙时需要更多

---

❶ "五亩之宅，树之以桑，五十者可以衣帛矣。"引自《中国典籍》第 2 卷《孟子选集》，理雅各编译，牛津：克拉伦登出版社，1895 年，第 2，[第 1 卷]上，第 3 章，第 13 页。

❷ 在《江村经济——中国农民的生活》一书中论及了开弦弓村的丝绸业的重要性；而《被土地束缚的中国》一书分析了云南乡村棉纺织业和大规模造纸业的经济作用。

的劳动力来完成工作。两个时期需要的劳动力差别很大。实际上，根据目前的耕作技术，乡村的人数刚刚够应付特定时期的耕种活动。这样，从农业生产来讲，中国乡村地区的人口数量并不太大。实际上，在抗战后期，有些村子还缺乏劳动力。很多男人参加了军队，还有人为逃避参军而离开了家。除非有农业技术上的改进，农村人口不易增多〔参照费孝通著《乡土中国与乡土重建》，应为"否则农村人口不易减少"（1993年，第190页）——编者注〕。不过，要使每个人都能过上好生活，目前的人口当然就太多了。虽然农业在短期内需要大量的劳动力，多余劳动力一年中仍有三分之二的时间无事可做。于是就有了阶段性的失业。这就是"养工一年，用在农忙"。

过去，剩余劳动力从事乡土工业。与农业配合并与其分享劳动力资源的乡土工业，能够保持地方经济的健康状态。在这种情况下，即使地主拿走一半收成，农民并不感到不安。那些对地主的作用持批判态度的人也许会认为，乡土工业的存在只是给地主提供了进一步榨取佃户的机会。但是从经济的角度来看，农业技术、劳动力需求、人口数量、耕地面积、乡土工业、地租多少和地主权利等因素是一个真正有机的配合。只要这种配合能使人们过上"不饥不寒"的生活，传统的中国社会就能维持。任何一种无法维持这种最低限度民生的经济制度都不能长久。

传统机制的脱栓

在过去的上百年中,传统机制或前面提到的有机配合开始破坏。这种破坏是如何开始的呢?应该说,一个重要的脱栓齿轮就是乡土工业。其他的部分,如农业技术、人口数量、耕地面积、地租多少以及地主的权利,相对都没有什么变化。随着乡土工业的衰退,曾经维持农民最低生活水平的传统的有机配合已不再起作用。

显而易见,乡土工业的衰退是与西方高度机械化工业竞争的结果,因为机械化大生产可以降低成本和提高产品质量。"地方货"成了次等品的代名词。家庭制品怎么能与漂亮、便宜而通常又更耐用的洋货相比呢?手工业品的市场被洋货市场代替,这提高了那些买得起洋货的人的生活水平,同时也产生了大量的失业农民。乡土工业衰落后的没落和贫困,纯粹是由非个人的力量所造成的,农民无法与之对抗或者是自我保护。如果一个织土布的农妇找不到买布的人,那么她能怪谁呢?她只能叹息,停止织布,完全指望田地的收成。但是,当田地要负担整个家庭的花销时,那些在占有土地和收取地租的传统体制中出现的问题就会变得非常尖锐。地主没有丧失收取地租的权利,而且地租甚至也没有降低。在传统社会中,地主不是生产者,他们"食于人",在变化了的形势下,他们没有降低要求。相反,在大量涌入的进口货的刺激下,他们的生活水平有所提高,消费也随之前所未有地提高了。他们不会轻易放弃从出租的田地中获得的收益。但是，当他们到乡村去收租的时候，发现佃户不像以前那么温顺了。他们又怎么能温顺呢？如果交出地租，就面临着饥荒；要维持自身的生计，就肯定会与地主发生矛盾。另一方面，地主并不明白为什么佃户的态度改变了，佃户不愿交早已定好的租金对他们来讲毫无道理。但是，在佃户的眼里，来收他们最后一粒米的地主，就像是置人于死地的魔鬼。事实是，外国工业的入侵，通过抑制乡土工业，在无形之中毫无声息地扰乱了传统的运作机制。地主自己并不知道，一直以来是乡土工业使他们得以享受特权。

驱逐乡村工业的力量既有力又深入，它的背后是战舰和枪炮，是组织良好的工业国家的"帝国主义"。传统的手工业者是居住在分散的村子里的农民，不属于任何组织，也得不到现代科学的帮助。比起外国产业制度的威力，地主的力量和影响是太微弱了，这是一个具有讽刺意味的事实。但是，地主近在咫尺，为了生存，农民只能起来反抗他。这样中国的土地问题就变得一天比一天严重。

地主阶级的合理出路

我们必须承认，"不饥不寒"是人民最低的生活标准。由于人拥有生存权，那么于情于理同样应该有争取这种最低生活标准的权利，这是"民生"主义的根本所在。但是中国一直消耗着财富，最初的工业生产力远不能使乡村的人民过上小康生活，反而使得人民"比较贫困"，后来就变成了"非常贫困"，最后降至最低点。由于乡村的繁荣就此受到侵蚀，所以农民要求过上以前那样的生活是不足为怪的。

在这种条件下，如果我们不使正在衰退的工业得到复苏，那么以收取地租为生的地主阶级最终要受到打击甚至毁灭。那些自己不能耕种土地的地主只能把地租给别人去种，然而一块地不能同时养活地主和佃户。没有佃户，地主就没有办法直接从地里获得收益，而佃户则可以不靠地主的帮助来耕种土地。因此，在佃户与地主的斗争中，佃户可能获胜。由于中国的租地体制不是建立在农业收入过剩的基础上，而是建立在来自乡土工业的额外收入的基础上，乡土工业实际决定了基本地租，事实上也决定了地主阶级的未来。利用强迫措施确实可以在短期内达到"被迫的同意"的结果，但是利用武力意味着当时将产生额外的费用，而且会引起将来强烈和无限的反抗。夺取地租不是永久的解决方法。

对地主阶级来讲，理想的出路并不是要采取武力——那只会加速他们的灭亡，而是试着调整自己适应变化的环境，寻求收取地租以外的谋生手段。如果他们曾经希望依照旧方式继续下去，那么也许从一开始就应该抵制外国工业的入侵。为了保护自己，处于这种关键形势下的地主阶级，应该放弃向农民收取地租的权利。只有这样，整个乡土才能得到农民的支持以及通过互相合作来克服目前的经济困难。"耕者有其田"，孙中山这一富有远见的主张是合理的解决方法。

但是，中国复兴的目标还应该包括工业的复兴。为了建立民族工业，我们必须重建乡土工业，让占总人口80%的农民也能够分享生活水平的提高。虽然内战的破坏的确使得生产力难以提高，但仍要努力重建工业。中国人民一直在忍耐并能继续忍耐，但是仅仅耐苦似乎远不是合理的理想。

我们现在可以看出，随着外国商品的涌入以及日常用品的大规模生产而发展起来的现代都市是如何剥夺了乡村的一项重要收入来源。的确，如果这些现代都市的发展，通过促进农产品需求的增长并进而提高产品价格，而刺激了农业的繁荣，也许会对乡土工业所受损害有所补偿，但不幸的是，事实并非如此。大城市人口的增加扩大了对食品的需求，但是农民并没有从农产品中得到更多利益，由于交通不便，人们发现从国外进口商品比从当地买更为便宜。❶ 中国的现代交通似乎主要是把消费中心连接起来，连接大城市的铁路与古代沿河的交通路线平行，而不是对其进行补充，而城乡之间大多还是靠相当原始的交通工具相联系。而且，现代都市和乡村之间并不直接相连，因为传统的镇充当

---

❶ 1928年一名美国使馆商务专员写道："中国产出的小麦足以让全国的磨面机全年满负荷运转，但是只有一部分价格便宜、磨面厂买进后有利可图的小麦进入到面粉加工厂里来……

"即使陕西农民打算把小麦送到磨面厂，只要运输费用由厂主来出，磨面厂也收不起。无论如何，他们宁愿以美国的市场价去买达科他州农民种的小麦，然后跨过数千英里的太平洋，再沿几百英里国内水路运回来，也不愿接受白白赠送的陕西农民种的小麦。"（《中国问题的几大方面》，安立德著，上海：商务印书馆，1928年，第1页）这种情况近些年来并未得到很大改观，尤其是战争对交通运输损害很大。

了它们之间的中介。镇上居住着闲散而不事生产的地主，他们先前从农村购得手工商品，现在则转向西方的商品。他们把当地租或高利贷利息收来的农产品储存起来，拿到城市交换外国商品，这些洋货农民见都没见过一眼，即使见了也根本买不起。因此，经济没有扩展，农民的生活正在恶化，他们不得不降低最低生活消费。在目前的体制下，从农产品中获得的任何利益，都会进入中间人或投机者的腰包，农民无从获利，乡村仍支撑着消费现代工业品的食利阶层，但自身却不能从现代工业中得到任何益处。牙刷、牙膏、咖啡、加工食品和做好的洋式服装确实对农民没有多大用处，但是他们可以使用各类更好的工具、种子、肥料、毯子、保暖内衣和皮鞋。

从以上的分析我们可以看出，在某种程度上，城市和乡村常常互相敌对，目前尤甚。如果将来没有巨大变化，这种敌对将会持续下去，也就是说，乡村仍旧会处在经济上的不利地位。在这种情况下，切断城乡联系对乡村有利而对城市有害。这样我们就能理解，为什么在最近的抗日战争时期，中国内地的一些乡村有过繁荣阶段，以及为什么乡村合作社会飞速发展。这也说明了为什么共产党占领的地区不担忧城乡联系的割断及内战时城镇经济的混乱。最近一百年来，中国的城市和大镇没有建立一个坚实的生产基础，只是外国商品的分发地。虽然洋货没有大量到达乡村，但已经攫取了乡村的财富，因为交换而来的洋货在城镇的消费代替了对当地手工业品的消费。当城镇居民和农民的联系被割断以至于城镇居民的收入来源停止时,如果没有各种救济或贷款资金,就要停止外国商品进口。这不会无限地持续下去。

城乡差别的不断扩大

自从连接中国南北的铁路建成后,作为自然区域的三大河流流域的划分逐渐削弱,很难相信中国还会分成南北两方。但是近百年来城乡的分离,已经成为一种新的分裂。抗战时期,中国军队打游击战占领内陆地区,把铁路线和主要地点留给敌人。这种游击战术有一个经济的基础,正如我们前面讲到的。但是,这种战术的结果是导致城乡关系变得越来越混乱。短期来看,乡村并没有受苦,因为一旦乡村与城镇中断关系,很多农产品就不再运走,农民也就有了足够的食物来生存下去。但是,这看起来并不是一个好的解决办法。一旦城乡分离,他们必须要完全依靠自己。自给自足可以达到一种安全,但代价却是生活水平的降低和回到更为原始的生活中去,这似乎不是解决中国经济问题的正确方法。虽然乡村完全依赖自给的决定不会骤然降低他们业已很低的生活水平,却使已经失去腹地的市镇及城市的处境很危急。我们必须认识到,中国乡村侧重于自给自足,即使乡村居民降低生活水平也不愿意与城镇保持联系,因为这样就意味着他们要受城镇居民的剥削,同样没有提高生活水平的机会。

现代城市的工商业不是依赖农业生产者的消费能力。

现代商品的消费市场是城镇居民，而这些居民的消费能力很大程度上要依靠以地租或利息形式从乡村所获得的收入。城乡分离直接威胁着这些从乡村获得收入并赖以为生的人，也影响了城镇经济的传统结构。为了继续保持城乡的传统关系，食利阶层有必要甚至利用武力来打通障碍。我认为这是目前内战的真正原因之一，这场内战是传统的特权阶层与拒绝执行传统义务的人们之间的斗争。随着矛盾的继续，积聚了几个世纪的敌对形势变得越来越激烈，好像中国经济结构不发生真正的变化，城乡的正常关系就不能建立起来。

中国经济不能处于城镇破产、乡村生活倒退、总之是经济衰退的状态中。问题是：怎样恢复城乡关系呢？复原的方向很明确，即努力实现前面讲过的原则——城乡在生产和消费上的互补，但是达到这一目的比构思这一目的要难得多。根本问题是如何将市镇和城市转变成可以维持自己的生产中心而不用去剥削乡村。对于乡村来讲，问题是如何通过发展乡土工业或专门的经济作物来增加收入。乡村和城市同等重要，应该携手合作，但是变革的动力必须来自城市。最为根本的是，传统城镇的特点应从一群寄生的消费者转变为一个生产社区，人们从中可以找到除了收取高地租和高利息以外的其他收入来源。换句话说，主要的问题还是在于土地改革。

第七章

乡土社区的社会侵蚀

对土地和人的侵蚀

李林塞尔在他有关美国TVA计划（田纳西河流域管理局——译者注）的著作《行进中的民主》中，用"采矿"一词来描述业已贫瘠的南方农场的种棉方法：为使棉花生长良好，耗尽了土地的养料。即使增施化学肥料，也敌不过洪水加速侵蚀土地的恶劣后果。造成洪水的直接原因至少部分是由于地表植物减少，森林砍伐，导致土壤中有机成分缺乏，使得水土无法保持。正是由于这种侵蚀，田纳西河流域曾经肥沃的土地变得贫瘠，少有产出。李林塞尔的TVA计划意在恢复自然生态平衡，于是人们不应再试图违抗自然，而应理解和与自然合作，并且应该治理好每年洪灾泛滥的河流，造福人民。

我在此谈TVA计划，并不是为了把李林塞尔的观点弄清楚，而是为了在他所描述的土地的物理侵蚀和中国今天正在经历的社会进程之间找到可类比之处。今天的中国对于改善土壤保持备感兴趣，但我们还应该把这一概念推广到整个农村生活中去,即要对才智和人力资源给予维护和鼓励。在研究TVA计划时,我更清楚地认识到,中国的农业不仅是技术问题,还是传统、社会结构、道德及统治的问题,这些因素至少在过去共同维持了中国的生活。我认为近百年来,似乎存在与田纳西河流域类似的社会侵蚀,其后果是贫穷、疾病、压迫和苦难。在传统社会结构中,好像存在着一个大多数人都可以生存的体制。虽然生活水平很低,人们仍有可能遭受危险和骚乱,却有一个稳定的社会结构,多数人不受饥饿和其他方面的过分煎熬。这种传统生活方式建立在人民悉心保护土地、保持养分,以便可以继续以土地为生且不破坏其肥力的经济之上。中国人的观念不是剥夺资源,而是追随和顺从自然。以我对李林塞尔的工作的理解,他所为之努力的目标与中国人的观念似是很接近的。

任何一个有机会观察乡村生活的人都不会不发觉,农民与土地有着紧密的关系。他们小心利用土地上长出的东西,又很仔细地将其返回土地。如此看来,人类生活并不是一个掠夺地力的过程,而是这有机循环中的一环。当生命离开身躯,尸体还要入土为安。人与土地之间似存在着一种紧密联系。这无疑解释了为什么人们快死时对回归故里一事这么看重,在什么地方出生,就要回到什么地方去。每个人都是生命长河的一部分,与土地自己的生命之流平行。

人和土地在乡土社会中有着强烈的情感联系,即一种桑梓情谊,"桑"和"梓"是古代人们种在家门口的两种树。❶ 这使人想到，人同植物一样从地里吸取养料。当生命的春季过去、秋季到来时，他们必然要回归大地，正如落叶归根，滋养土地。这样的观念承认人与自然的真正纽带，强调了生命的根本统一。但是如果走向极端，这种情感可能变得无理甚至荒谬，比如，海外的华侨终日劳作，把钱一分一分攒起来寄回家里，死了也要大老远地把棺材运回家乡安葬，这种甚至连死后也要万本归原的愿望是西方人难以理解的，而在我们传统文化中却看得比什么都重要。我自己就有一个老祖，中了举，派到云南去监管采盐业。那时，云南是远疆，又有瘴气弥漫，相当危险。我那位老祖就受了瘴气的感染，到那里没多久就去世了。他的弟弟听到他的死讯后，决定去云南将哥哥的灵柩运回来。在辛苦数年攒足了路费后，弟弟出发了，穿过荒山老林，历尽艰辛，终于成功把棺材运回家乡。为了完成这项在现代人看来多此一举的使命，他不仅放弃了参加科举考试的机会，牺牲了自己的前途，还冒了生命危险。在我们的家谱上，此举被大书特书，仿佛是历代事业中最伟大的一项。

在我看来，如果人们看不到对这种血统重要性的强烈感情已延伸到了人与土地的象征性亲缘关系，就不能理解其潜在的感受。人最好不要离开自己的乡土，如果离开，就必须回来。战时我乘坐最差舱位从欧洲回来时，遇到了一些曾

---

❶ 据《诗经》记载，人们应该尊敬桑和梓，因为它们象征着与父辈甚至是祖辈的联系。从那时起，"桑梓"开始指代一个人对他的家乡——尤其是他的家园的眷恋之情。

在法国居住多年、以贩卖某种玉石为生的中国小贩。他们只会讲汉语，从未融入异乡的生活；相反，他们拼命攒下每一分钱，为的是寄回家里让亲属盖好房子。纳粹党封锁边境之后，他们冒着生命危险以保证钱安全寄出。现在，他们老了，精力耗尽了，踏上了归途，不是去享受生活，只是等待死亡的降临。

从农民清早上街拾粪，到送棺材入土，都是自然界同一个大循环中的一部分，也是人与土地的关系的一部分。在我看来，正是这种人地关系的力量支撑着这历久未衰的中国文化。不过，我希望读者不会误以为我在提倡这种拾粪运柩的人生态度，我只是想强调这种精神在国人生命中的存在，尤其是有关现在正在发生的变革，我把这种变革叫作"社会损蚀"。

在我的老家，农村孩子最常见的名字是"阿根"。人也有根，个人不过是根上长出的枝叶，生命之树的茂盛有赖于根。对于人来讲，根是他从中获得生长资料和教育文化的社会：小之一家一村，大之一乡一国。这些根类似于李林塞尔所指的美国生活中的"草根"。从社会的角度来看，无论是人还是植物，取之于一地的必须回之于一地。如果基本要素被"采矿般"地挖掘走了，那么一段时间之后，这个地方必会荒芜。供给和消耗的循环可能变得非常复杂。TVA 计划代表这一过程较为复杂的形式，而中国农田是较为简单的。循环越大，程度越高，人民的生活水平就越高。但是，无论复杂与否，必须保持一种互惠行为的循环。采矿式的消耗是自杀性的，虽然一时会带来回报，但最终会耗尽所有可利用的资源，一个有着丰富矿藏的镇会变成死镇。因此，很明显，一个健康的社区只有从环境中获得适当的养料，才能生存下来。

逃亡者——不回家的乡村子弟

在我们的传统文化中，人才是分散在地方上的。最近潘光旦先生和我一同分析了915个通过了（乡试以上）科举考试的读书人（清朝贡生、举人和进士）的出身。他们的地域分布如下：52.5%出自城市，41.16%出自乡村，另有6.34%出自介于城乡之间的市镇。如果再按省份来分，乡村百分比超过城市百分比的有山东、安徽、山西、河南四个北方省份。这些数字表明，即使需要很长时间文字训练才能考中的人才，竟有一半是从乡村出来的。更值得注意的是，我们所分析的人物中父亲已有功名和父亲没有功名的比例，城乡之间几乎相等，城市的比率是68∶33，乡村是64∶36（大数代表父亲已考取功名的人）。

以上事实表明，中国有才能和学问的人不像西方国家那样主要集中在城市。根据索罗金的理论，在西方，除非一个人变成城里人，否则不会有出人头地的机会。[1]但在中国，

---

[1] 《社会流动》，彼蒂里姆·索罗金著，微缩版，芝加哥大学图书馆，1927年。

落叶归根的传统似乎为乡土社会保持着人才。即使飞黄腾达的人也不会忘记故土，至少是年老的时候，他们就会回来，利用自己在外面获得的声望和有利条件为家乡谋福利。这样，一地有了一个成名的人物，接下来就会人才辈出，因为这个人会帮助其他人成才，所谓"开了风气"。在以前，有能力的人不会永远脱离他们的"草根"。结果不仅是知识分子参与乡村的生活，而且还会鼓励当地的其他人参与。

现在情况则有所不同。目前，那些在青年时期曾受到过乡土社区培育的人已不再回去为其所用。最近有很多大学毕业生找不到工作，有一位老师劝他们回家乡去，他们原则上都能接受，但又非常现实地说他们回不去了。事实上我也没听说有一个人回去的。他们宁可待在城市里，费劲心思谋个职位，或无处供职，靠朋友资助为生。他们回不了家，这不仅是因为他们不愿，也是因为回家生活已经很不现实。在没有离乡之前，好像有一种外在的力量在推他们出来，他们的父母、兄弟和其他亲人也为他们想尽办法实现离乡的梦，有的甚至变卖田地或背负债务。当他们大学毕业时，他们发现几年的离乡生活已把他们同乡土的关系割断了。乡村没有大学毕业生的工作。这不仅仅是因为他们在学校学到了西方现代科技知识，更因为他们已经适应了那种与乡村生活截然不同的新的生活方式和观念，这一变化已足以使他觉得自己已有异于乡村人了。所以，今天的大学生毕业回到乡村后无人交流，没有人理解他，他自己竟然经常觉得被家人疏远了。即使他回到家乡，也找不到合适的工作，学校里学来的知识没有用武之地,因为中国的大学并不培养去乡村工作的人才。从大学里学到的东西常常是来自西方的知识。知识不应分国籍,我们也应该快速现代化,要现代化就要引入西方知识。现代知识必须提供乡村传统制度改良的方案。但问题是大学生无法找到一座桥梁能把他学到的东西介绍和运用到自己的家乡农村中去。没有这样的桥梁,现代知识只能徒劳地悬在空中。结果是不断输出子弟的乡村同时丧失了金钱和人才。

不仅大学生,中学生也是如此。我曾对云南一个县城附近的村子做过研究。村子不远有个农业学校。这个村子依靠市场园艺业营生。村里的菜农常指着学校的农场笑着说:"学校的老师和学生种菜像是种花,那可挣不到钱。"另一方面,受过现代农业种植技术培训的老师则告诉我们,乡下人种的菜大可以改进,甚至向我们展示改良的品种。实际上他们各有道理。不幸的是,学生离开校园后无法再运用现代技术和实验方法,因为家里没有本钱也不愿意让他们这么做。学校和农场之间好像有一条无法逾越的鸿沟。乡下人不想向学校学习,结果,这个学校的毕业生有的当了小学教员,有些转入军校当军官,有些就什么都不干,只是在县城附近闲逛鬼混。送孩子上学的父母依照传统观念认为,上了学就能提高社会地位,但是他们的经济条件又不允许让孩子完成能在大都市工作的必要学业。另一方面,这些年轻人认为,受过多年教育之后又回到家乡种地,对自己、对家庭都不体面,所以他们进退两难。似乎最近几十年来,参军和加入国民党吸引着这些年轻人，我认为这在某种程度上为现代中国的法西斯倾向提供了注解。这使人联想起战前日本的情形：一些在其他职业中遭到失败的乡村年轻人变成政治和军事机器的一部分，产生了极端主义观念，甚至导致不负责任地攫取权力。在过去，传统的教育制度给这些人提供关照，让他们通过考试来做官、成为小士绅，从而在社区里获得更高的社会地位。他们也许还会继续努力来通过更高级的考试。但是目前教育制度的变化和现代都市与内地教育之间的鸿沟共同破灭了他们的理想。

在城市里，大学生当然比中学生有更多的就业机会，但即使对大学生来讲，问题基本上仍是相似的。首先，他们几乎没有机会利用学过的现代方法改革传统的行为方式。其次，他们不能通过生产活动来谋生，只能通过在政治领域获得权力和影响。因此贫穷的社区常常要背上养活大批政客的负担，这也部分解释了为什么我们的管理低效。所以，现在的教育制度恐怕没有发挥使中国实现现代化的作用，反而使小康农家的子弟流入城市，但城市又不能为他们提供有价值的就业。我称此为"社会损蚀过程"。

寄生阶层

也许有人认为现代化总是意味着都市化。现代文明是都市的产物，都市人口必然来自乡村，因为都市人口无法自我补充。人才在乡村没有发展的机会，但是到了城市后，他就有机会自我发展。从这个意义上讲，城市是发挥才能的地方。可以说，乡村潜在的人才只有在都市化进程中才能得到发展，但是中国又不完全如此。我在前面提到过李林塞尔的计划。从他的话中，我猜想这一原则在美国也不是永远正确，特别是在美国南方，发生着与中国相似的社会损蚀。在中国，有机循环受到破坏，人力和财富被不断地掠夺。我理解，TVA计划的目标是通过引进现代知识来恢复这一循环，通过搭一座我前面讲到的桥来恢复繁荣。建一座桥，不仅需要现代技术，还需要人力因素，即那些接受现代教育的人回归本土为社区服务。没有这样的桥，城市的发展将引起社会机制的混乱。

目前大都市化正成为中国的疾患。我在前一章节从经济角度讲过不尽如人意的城乡关系，现在只想加上文化角度。如果说现代都市代表着西方文明，乡村社区代表着传统中国文明，我认为这一观点是不正确的。我认为，中国的现代都市是东西方接触的结果。那些通过接触西方文化改变了生活和思维方式的人发现，他们自己再也不能生活在乡村了。他们中的一部分被新发展的都市企业吸收。但是由于这样的企业数量有限，必然有一部分人游离于任何组织之外。这样就产生了一类新人，他们既不在城市也不在乡村从事生产活动，而是追求政治权力。这类新人直接或间接来自乡村。在与西方接触之前，科举制度吸住了这些人，使得他们可以作为士绅在乡村或县城生存下去。他们精通传统儒家哲学的教育，执行身为"知者"的社会任务。这类人确实是一种寄生的人，因为他们是从劳动人民那里得到给养，靠收取地租来生活。但是，由于他们继续生活在乡村，所以至少财富没有大规模外流。

如果中国都市里的生产事业发展得快，从乡村吸收来的人可能会找到合适的位置。虽然乡村仍在某种程度上遭着"损蚀"，但会被城市的繁荣所补偿。像美国的TVA计划那样，中国也许能够把利益从城市返回到乡村。果真如此，中国的情况就大不一样了。不幸的是，中国仍处在半殖民地的地位，大规模的产业发展不大可行。西方文明的本质——工业主义还没有被真正地引进，引进的是其表面或上层的因素，包括对物质享受和满足的渴望，但是还没有建立起能使这些变得有意义的物质基础。这种基础的缺乏制造了一个表面上生活在西方文化中，但又没有东西方传统基础的特殊阶层。他们是中国悲剧中的主角和导演。

在洪流的冲洗下

当土地缺乏植被不能保持水分时，就会发生土地的损蚀，接着就会有洪水的到来，给人们带来灾难。社会损蚀具有相似的后果，造成人口大量流亡。在社会损蚀的过程中，起初只有最顶层的人离开，他们在经济上比较富裕，受过较好的教育，不愿意继续留在乡村。但是由于富有和有能力的人都离开乡村，加上都市工业势力的压迫，乡村开始变得贫困。小康之家降为穷户，而穷户再也支撑不住，开始离乡。这样的转变发生在贫富两极，中间阶层则足以维持。

我们在前面曾经讲到不从事生产活动的人，他们试图组成一个新的有组织的寄生阶层。由于村民单纯幼稚，又缺乏良好的组织，他们轻易就会成为这一阶层的牺牲品。有一次我在一个村子时，一个游手好闲的人想敲诈我的房东，他说房东离开军校的儿子是个逃兵。实际上房东的儿子并没做什么坏事，那个人只不过想找碴儿捣乱。我对他说："你不也是来自乡村吗？如果有人像你这样到你的乡村去敲诈，你觉得怎样？"他无言以对。我觉得他自己很可怜，是一个被命运抛弃的人。但是正是这样的人引起了农民的仇恨。参军入伍也是一个艰难的问题。政府把所有身强力壮的人都征去当兵，退伍时却没有一个人来关心他们。乡下人说那些去当兵的人永远也不会再回来种地。入伍之后，他们变得涣散不羁，不再循规蹈矩，而沉沦于抢劫掠夺等野蛮行径。征兵因而加速了社会损蚀的进程。农民如决堤的洪流般起来反抗。中国面临着生活、经济、政治、道德的混乱，她需要新的领导和改革。

编后记

对于多数有思想、没有偏见的中国人来说，尤其是在战后的 1946—1949 年，他们多年来一直寻求的新的领导体制和改革不可能是来自因采取镇压手段而丧失信誉的右派，而是来自"左派"（因为不存在一个实际的"生命中枢"）。然而，虽然费先生明显地是在盼望着共产主义的"解放"，但是这种领导的体制和主张从根源上是中国式的，而不是俄国或西方式的。以下一段话引自费先生 1947 年在伦敦经济学院的演讲，这代表了这位爱国者希望通过合作而不是由外人主宰来解决中国问题的观点：

> 如果在技术发展到当今阶段之时，西方就已经达到一种新秩序，即实现了一种统一的社会体系，那么东方的问题就会简单一些——我们只需把新的方式跨大洋移植过来。当然困难也会存在，但是如果这种新秩序提供了更大的物质进步以及社会满足和幸福的话，那么不情愿也只是由于不熟悉罢了，这可以通过进一步引导来解决……儒家否认人与自然关系的重要性，这一缺陷在我们与西方现代文明交锋时的无力中明显

地表现出来。但是单方面强调（西方的）物质发达，而对社会关系的相应发展缺乏应有的考虑同样是危险的。因此，中国社会变迁的进程不该是西方文化的简单移植，而应该隐含着对一种与和谐统一的内在精神相适应的社会结构的重组。这两种发展如何才能达到步调一致，对于解决目前中国的混乱状态——表现为严重的经济和政治混乱——是最为基本的。这些混乱主要是没有明确目标的社会变迁过程的征兆。要使中国不灭亡，我们必须要从几千年历史传承的经验中寻找我们自己的出路……

附 录

生 活 史
六位士绅的故事

周荣德

关于周荣德先生的完整研究,请参考其著作中译本《中国社会的阶层与流动:一个社区中士绅身份的研究》,学林出版社,2000年版。周荣德,1937年毕业于清华大学,获社会学学士学位,1958年获芝加哥大学社会学博士学位,先后任教于美国密歇根大学、北密歇根大学、亚拉巴马大学社会学系。——编者

编者说明

对中国怀有兴趣的西方人,大多是通过一些老练的、受过西方教育的中国人,或者如果是一位汉学家,就要通过中国的典籍来了解中国。最近一些年,对乡村农民生活的描述,已经开始加上了对普通百姓的问题和价值观的理解。但是对于乡下的地主和下层的士绅,恰如费孝通在其著作中所提到的,有关这些人在传统中国的历史和功能,并没有什么直接的资料。费孝通在调查士绅在地方社区以及在帝国体系中的作用的时候,正如他所指出的,从他所调查的乡民的利益的角度上来看,并没有发现有必要加入这些读者凭自己的经验就已经知道的实际细节。❶ 下面的这六篇生活史是从周荣德1943—1946年期间,在云南省昆阳县 ❷ 所搜集的大量的生活史中挑选出来的。这些是他的有关社会流动研究的一部分,的确代表了这一类人。因为在搜集这些资料的时候是独

---

❶ 费孝通在写给西方人看的《被土地束缚的中国》这本书中,对上层和下层士绅的生活和问题有过细致的描述。但那更多地是从经济学的观点来描述的。

❷ 每一个县都包括数百个村庄,这些村庄都是地方性的组织,但在整体上又构成了一个统一的共同体,拥有一个政治、经济和文化的中心。昆阳县位于昆明以南60公里的山区,濒临滇池,并通过轮船和公路与昆明相连。

立进行的,因而它们不可能与费先生分析的观点一一对应,但是细心的读者会发现,这里的内容有许多都是对费先生有关中国人生活的基本假设的丰富和对其观点的确证。

在偏远的云南,西方影响的渗入要比沿海地区少得多;费先生所谓的"社会的损蚀",在这里并不及中国其他地方严重。大多数地方的社会流动似乎都遵循着旧有的模式:"土地不会生出土地。"在这个世界中向上升迁,一般都不是通过辛勤的劳作和生活上的节俭,而是通过走出去从事商业活动、在官府和军队里获得晋升或者是通过其他不太合法的手段来积累资本。这种家庭一旦有了经济的基础,士绅的位置就得到了巩固。这种巩固在社会上是通过受过高等级教育的儿子,在经济上则是通过积累土地,以此来提供给他们赖以生活的地租。这种传统制度虽然崩溃了,但是存留于士绅身上的道德权威以及物质权力似乎在中国的任何地方还是能够看到的。而且,一个"在受过良好教育和富有的家族首领的领导下"的地方政府,创造出了一种"获得功名越高的人在决策上一般越是有威望"的状况❶,似乎很多时候是为没有什么文化以及无赖之徒提供了统治的方便。确实,从不义之财中所获得的权力,不仅受到尊重读书人这样的传统的约束,而且还受到推崇和谐的人际关系、助人为乐和谦逊低调这样的社会传统的限制。尽管"受人尊敬"的愿望会影响到老年人的行为,但是对于精力旺盛、无所顾忌的年轻人来说,似乎毫无影响。

---

❶ 参阅本书第四章:《中国乡村的基本权力结构》。

从我们这里已有的材料以及那些为了历史比较而获得的资料中,来与中国其他地方的其他年代相比,从而断定云南昆阳的社会生活在这些生活史所覆盖的年代里有多么的混乱是有困难的。在中国,无疑总是正确的是,"在一个封闭的经济中,对物质获得上的追求是对现存秩序的扰乱,因为这意味着对他人财富的掠夺"❶,并且传统上所说的"官做得越大,财富积累得越多"长久以来一直就被承认是自然的生活秩序的一部分。两袖清风的做官理想很少能够实现,而似乎是一种正当的供养自己家庭的一种"合理的榨取"却被人们广泛认可。但是这里所刻画的腐败的滋生和蔓延(如果不是在所有人的生涯中,至少也是在他们的儿子的生涯中),表明现在的状况已经糟糕到了通常需要"改朝换代"的境地了。然而,在共产党的解放之后,急风暴雨式的变迁,旧秩序的彻底崩溃,新的苦难以及进一步可能出现的腐败,在这里的文字中并没有得到表现。下面的这六篇生活史,在某个层次上对那些在共产党领导之前的中国偏远的角落中的人们的生活给出了一些洞见。在这些岁月里,这种旧式的生活有多少会保存下来也不能确定。

在这些生活故事中,所有的人名都是虚构的。

玛格丽特·派克·雷德菲尔德

---

❶ 引自费孝通、张之毅《被土地束缚的中国》(Chicago: University of Chicago Press, 1945),第84页。

文 人

王议长

出身"书香门第"的王议长,是传统上理想化的士大夫和地主阶层的代表。他是一个儒生,不追求私利,不骄傲自大。他的理想是专心致志,为民众服务,想着要为子孙留下好的名声。"对一个家庭来讲,最重要的不是钱财,而是他的后代可以做些值得做的事。"有足够的钱财看起来也很重要,因为这样可以把某些文化的传统保存下来。王议长的曾祖父通过开采铁矿和采伐木材积累了家业,后代也没有浪费继承的遗产。但是王议长难以用"中立"或迎合对立派的传统方式来"为民众服务"。54岁时,他自觉已难胜任职位,宁愿告老还乡,离开官府,以避免他后期对腐败轻描淡写的反对有损于他已获得的荣誉。他对后代的行为更是无能为力,相对较高的教育程度并没有增进他们的伦理观念。四个儿子中,一个是国民党官僚,一个染上了鸦片,第四子,虽然并非行为不轨,但看起来在思想上和道德上都缺乏骨气,只有次子跑去美国做了学者。

王议长，作为县国民政治会议议长，是昆阳士绅中的领头人。他是我见到的第一位士绅阶层的人，那时他是县里一所初中和一所两年制师范学校的校长。我来到昆阳后，他来寓所找我，请我做他学校的兼职教师。我被他的诚心深深打动，虽然日日忙碌，很少闲暇，但还是难以拒绝他的请求。通过他，我认识了很多士绅阶层的人。我们知道他生活简朴，人缘好，在县里口碑极佳。他的家庭是有名的"书香世家"，根据国立清华大学人口研究所1942年的人口统计资料，在全县69231人口中，只有6名在校大学生，4名大学毕业生，3名分别从日本、法国和美国回国的留学生。王议长的四个儿子中，有两个留洋归来，一个是大学生，另一个已经从一所四年制师范学院毕业。由于多次去他家拜访，并且对他已非常了解，我便毫不掩饰地告诉他，我们希望能够采访他并把他的生活史写出来。虽然他谦虚地说他不值得一写，但他还是请我们先与他最小的儿子——文伟谈一谈。他说如果有问题，我们可以随时去找他。几天之后，我的助手告诉我说，文伟愿意为我们写他父亲的生活史。文伟是位于昆明的西南联大的学生（当时清华大学也是西南联大的一部分），他还是我的助手的好朋友。结果，这篇生活史是我们搜集的生活史中最容易得到的一篇，两个月以后，文伟便把初稿交给我们了。由于文章不太具体，我让他根据我的建议重新写。助手告诉我，文章是王议长以第一人称口述，文伟记录的。所以也可以叫自传。我和助手附加了很多补充的内容。

王先生出生于昆阳城外 40 英里的一个村庄，我的一个助手曾经两次去过那里。他这样描述那里的情况："村子在一座山上，交通不便，并且气候恶劣。585 名村民的主要职业就是炼铁、买卖铁石、开采铁矿、做雇工和种地。每天清晨可以听到锤子凿铁的声音。整个村子看起来很忙碌。"

以下几段摘自文伟的手稿：

"我的祖籍是江西省，明朝时迁到云南省。起初的几代是军官，但我的高祖父开了一家很大的店铺。可能是由于生意衰落，我的曾祖父——王凯辛在 30 岁时搬家来到昆阳，在这里经营一家店铺。

"我的曾祖父在私塾读过六年书，擅长作文和珠算。他身体健壮，对军事谋略很感兴趣。到达昆阳以后，他听说西边不远的地方有一座铁矿，那里主要是山区，居住着罗罗人❶，而且强盗很多。曾祖父几次冒着生命危险前去侦察。最后，为了开采铁矿，他决定搬进一个名叫留候村的村子里去住。

"他带着一些银两、几个雇工和简单的生活用具来到留候村。由于不懂罗罗语，他被怀疑是奸细。他发现自己处在一个难以应付的困境中。他明白，如果不能和罗罗人进一步发展关系，他不仅什么也做不成，而且面临巨大的危险。于是他请罗罗人的首领们到他家去吃晚饭，并且愉快而坦率地与他们交谈。他把自己的抱负和计划告诉他们，并在他们需

---

❶ 指居住在中国西南山区的土著民，他们还没有被汉化。

要的时候借给他们钱。最后,许多罗罗人成了他的好朋友。

"当他知道在这里居住不再有危险时,他把全家人都搬到这里。起初他只是做木材生意。他买了几百亩山林,雇罗罗人为他做工。如果雇工急需用钱,他会提前给他们发工钱,雇工因此而心存感激和顺从。曾祖父就这样买了更多的山林,山上不仅有茂密的树林,而且有丰富的铁矿。由于罗罗人知识落后并且经常需要钱,因此曾祖父能从他们那里买到很便宜的山林。

"买到山林以后,他与在城里买卖木材的商人联系,开始采伐树木,以便以市场价卖给商人。一年内他赚了一大笔钱,他用其中一部分买了20顷农田出租。从租客那里收上来的稻米足够一家人享用。

"后来他计划开采铁矿,雇了许多人来挖。他一次次失败但并不灰心,雇了更多的人继续寻找矿石。最后,他发现了一条丰富的矿脉。他非常喜悦,组织雇工开采矿石,熔化成铁块,并且运到城里去卖。但是,由于村子偏远,城里铁的需求有限,生产和运输的高成本及开采技术的落后,曾祖父没能因此而扩大他的基业。但是,他为家庭的铁矿开采的兴旺奠定了基础。留候村成了当地铁矿开采的中心。铁矿开采业在抗日战争时期尤其繁荣。

"我的曾祖父精明而又坚强,性格幽默,富有冒险精神。他对朋友非常仁慈,对自己要做的事坚持不懈。他73岁时去世。

"我的曾祖母勤俭持家,她擅长裁剪,因此很多罗罗妇女请她裁剪衣服。她聪明、漂亮,而且待人友好。她为丈夫生了两个儿子,一个女儿,在69岁的时候去世。

"我的祖父王楚通是两兄弟中的老大,从小性格坚强。有一次,他的父亲责备他,他不但在家绝食,而且后来还脱下衣服扔给父母,赤手空拳离开了家。他8岁开始念书,但11岁时就离开了学校。

"离开学校后,他整日打猎和练习举重。他个子高,身体壮,凭他的力气可以打败当地任何一个人。24岁时他通过了县里的武艺考试,获得武秀才称号,相当于军事科学学士学位。

"他非常想当一名军官。他认为待在家里没有前途,决定外出当兵。在军队里他刻苦学习,认真操练,为人诚实而且尊重教官,三年后被提升为二级副官。

"在几年的军旅生涯中,他发现军官对待下属不公,军队生活腐败。有时那些与军官没有关系的人即使勤奋工作,也会受到无端指责;相反,有特殊背景的人工作轻松而且提升很快。由于祖父秉公办事,正直不阿,因此与那些常去光顾赌场和妓院的同事相处不好,他大失所望地离开了军队。

"回到家以后,他开始种田和采矿。由于他受到村民的尊重,被选为村长。他经常为人们调停争端,化解仇怨。这样,村里以强凌弱的事情没有了,全村一片太平。村里发生纠纷、灾难或疾病,他常常第一个去解决。他修路、建桥、造庙,促进了村子的发展。无论做什么,一旦开始,他就要坚持到底。人们在他去世后说,'他只食一家粮,却管千家事'。由于他对积累财富不很关心,因此没有扩大家产。他去世时67岁。

"我的祖母热情、友好、勤劳,经常救济穷人,是祖父的贤内助。她生了三个儿子,两个女儿,第三个儿子不幸夭折。

"我的父亲王海亮,在兄弟中排行老大。他7岁开始上学,学习刻苦,成绩优秀。

"在他15岁左右的时候,家里的经济条件有了很大提高,铁矿和木材生意都很兴隆。我的父亲不用担心家里的事,一心一意念书。23岁时,他从一所文科学校毕业,通过竞争考试获得了一笔政府的助学金。三年后,由于祖父去世,父亲被迫中断了学业。

"由于不能继续念书,他回到家里,在一所私塾里当老师。他诲人不倦,因而名声很好。他64岁时去世。

"我的母亲出身名门,她端庄大方,善良慈悲。她整日劳作,为我们树立了勤劳的榜样。她从不允许我们无所事事,并且告诫我们,不懂得苦就不知道甜。她说:'如果一个人在30岁之前不受苦,40岁时没变富,那他就只能等死了。'她还说:'任何人都尊敬富人,穷人连狗都要咬。'她经常说:'礼多人不怪。'意思是人不会把多礼看作冒犯。她68岁时去世。

"我是三兄弟两姐妹中年龄最长的一个。我的大兄弟春珲在私塾里念过八年书,中了秀才,相当于文科学士。他在当地做了13年官差,鼓励地方自治。他是一个正直诚实的人。(我的助手告诉我,王春珲是有名的老好人。他做铁矿和木材生意,但没有赚到很多钱。)

"我的二弟春琦在私塾里读了五年书,后来毕业于省立师范学校。他22岁时开始在一所私塾里教书,教师成为他终生的职业,他钟爱和满足于这一职业。(他曾经告诉我的助手说:'因为教育属于精神生活,因此我们要安于清贫。')

"我出生于1881年,作为长子,非常受父母宠爱。有谚语道,'早得子胜过发大财'。过满月时,父亲请了160人来喝酒庆贺,客人包括外祖父母、其他亲戚、朋友以及村里人,整个庆祝活动持续了三天。

"我8岁开始在私塾念书。(他的一个朋友告诉我,当王议长还是孩子的时候,他学习就非常用功。由于家庭的名声,老师也格外关照他,这使他进步很快。)我喜欢读书是因为有父亲的鼓励。他为我和弟弟安排了一间书房,以便我们在家里也能学习。他喜欢吟诗,并给我们讲著名学者的故事,这些都激励了我们。

"我的父亲有时带我去昆阳和省城昆明。这激励了我更加努力学习,并且使我了解了我的同学不知道的其他类型的生活方式。15岁时,我到昆阳去读书。由于我长在农村,能和城里学生在同一所学校里念书,使我感到很骄傲。

"我19岁时结婚,这使我有了新的生活体验,并成为我进一步学习的动力。我的妻子对我帮助很大。不幸的是,她于15年前去世,当时55岁。(助手告诉我,王议长的妻子是瘦高个儿,衣着简朴,待人热情。王议长再婚并且纳了一个小妾。他的第一个妻子生了四个儿子,第二个妻子生了一个女儿。妾吸食鸦片。)

"22岁时,我中了秀才,之后在本地一所私塾教书。由于我的额外收入,家庭的经济情况有所好转。但我认为待在家里,事业毫无前途。父亲对我是一个很好的教训。他终生勤劳教书,最后也不能发家。况且,当时政治局势处于转换时期,旧的教育制度已经被废除了。我认为自己应该继续学习。于是我来到了昆明,进入了省立师范学校学习。这里新的教学制度与我在的私塾截然不同。私塾里只教授儒家经典,而这里有各种各样的课程,如外语、中外历史、地理、数学、化学、物理和体育。所有这些引起了我的极大兴趣。由于机会来之不易,我必须努力奋斗。因此,在四年的学习中,我刻苦钻研,孜孜不倦。

"从师范学校毕业后,我被分配到昆明一所小学当老师。昆明的薪水比老家多十倍,我的生活水平一下提高了。我对工作非常负责。(他的一位同事告诉我,他待人真诚,关心别人,富有责任感,因而广受好评。学生也很喜欢他的教学方法。很多学校请他去当老师,他都婉言谢绝,因为他不想离开那所学校。)

"1913年,昆阳县的士绅们找到县长,建议他请我回去当县小学的校长。这次我没能拒绝,否则他们会认为我太高傲。(王议长的同事告诉我:'那时每个人都佩服他的能力,学校在他的指导下一天天进步。')第二年,我被任命为县义务教育办公室的主任兼县教育总监。"

他的同事告诉我说:"在这些年里,他一村挨一村地跑,劝农民送孩子上学。那时所有的学校还都是私立的,老师只教'四书'❶和其他古代名著。没有人愿意去新兴的学校读书,老师也不会讲授新课本。于是王议长请他们到城里去进修。这样,新的教育制度的等级逐渐建立起来,王议长的名声也因而提高了百倍。"

同事还说:"王议长是一位道德高尚的人。他认为,好的名誉难以获得,却容易失去;人格和名誉是一个人的第二生命。他处处小心,经常说,有了好人品才会永远受人尊敬,权威不能让人心服。如果一个人要玩弄手段去欺骗别人,早晚有一天是要被发现的。所以,对我们来说,最重要的事情就是:诚实、坚韧而有能力。"

这位同事接着说:"1917年一位省府的教育长官来到昆阳,发现王议长对地方教育的热情和建设性想法产生了良好的效果。回到昆明后,他给省长写了一份申请,要求为王议长颁奖。"

文伟的手稿继续写道:

"1918年,昆阳的士绅选我当县警卫团的司令员。在任职期间,我指挥士兵修路、建桥,还盖起了一座客栈。(我的助手告诉我,在那个职位上受贿很容易,但王议长很诚实。王议长经常说:'为百姓服务的第一条原则就是诚实,只有这样才会受到百姓的称赞。还有,只有多行善事,才能

---

❶ "四书"包括《大学》《中庸》《论语》和《孟子》。

给后代积德。一个家庭最重要的不是钱,而是子孙后代做有意义的事。')

"在1919、1920和1921年,我连续三次当选省国民政治会议委员会的委员,并被任命为义门区铲除鸦片的督察。(助手告诉我,那时王先生的社会地位很高,但仍像以前一样谦虚和蔼。他平易近人,并且广泛联系百姓。他身穿粗布长袍,镶着几颗金牙,后来金牙成了县里的一种时尚。)

"为了工作方便,我举家搬到昆阳,我把田地出租,每年只回来收一次租子。(我的助手说,'王先生当时大约有70工地,他的收入只够给孩子交学费的。这虽不富有,但他很幸福。他每天的工作就是在家阅读公务信函和报纸。如果省政治会议开会,他就去昆明参加。但是他并不提什么议案。会议结束后,他又回到家里。1921年他又被任命为镇压土匪的省长顾问。那些年,他的名声到了顶点。他无论提出什么解决方案,县长都会采纳。因为昆阳的士绅信任他。虽然他的建议往往非常重要,但当他向县长或士绅提出建议时,他并不在乎是否被采纳。他说,'他难道不是一位尽管没有人注意到他,但并非不表现出愤慨的高高在上的人吗?'他不以权势强压于人,从不敲诈老百姓,也不奉承上司,更不吹嘘自己。')1921年他被任命为教育局长和昆阳县政府的教育督察。"

助手还告诉我:"在他当教育局长和督察时,做了很多有意义的事,比如废除传统的私立学校,提高对公立教育的支持,遴选好的教师,鼓励兴办新式学校等。所有的公众集会都会请他去,县政府也常常向他征求管理方面的意见。由于他的业绩不凡,在省长的推荐下,中央政府为他颁发了荣誉奖章。他非常高兴,因为付出得到了回报。"

他的一位同事告诉我说:"1929年省政府改组,王议长回到家,不再担任任何职务。那段时间他经常回老家去。他待在家里只是不断地鼓励孩子好好念书。他从不打孩子,也很少批评他们,因为他希望孩子们能自觉地努力学习。他爱好各种打猎活动,非常喜欢乡村生活。有时他也忙于铁矿生意,但从没有赚过大钱。他经常说:'我不想积累财富,只想让我的后代有智慧。'"

他的同事接着说:"1936年他54岁时再次当选政治会议主席并被任命为禁烟委员会的成员。他认为自己年事已高,难当重任。此外作为一个好人,他也不愿意去冒犯别人。他没有像其他人那样,把局势看得很严重,但他无论做什么都依照'消除误解,为他人排忧解难'和'息事宁人'的原则。因此,他没能为国民政治会议和禁烟委员会做出过大的举措。"

我问给我提供资料的人,既然王议长没有为人们做出重大的事,为什么士绅会选他,政府任命他,百姓支持他呢?他给我解释了如下几个原因:

"为什么王议长20多年来在士绅阶层中享有最高的地位呢?有如下几个原因:第一,他的素质很好。由于他是清朝的秀才,能舞文弄墨,而且会写各种文体,如对联、生日画轴、悼词等,这些都是社会交往所必需的。但是,他又不仅仅是个儒家文人；他还毕业于省立师范学校。在上岁数的士绅阶层里，没有人比他素质更高。此外，他的年龄和其善良的行为也起了作用。第二，他的孩子也提高了他的声誉。大儿子从日本回国，在省府任职；二儿子在美国；三儿子虽然吸食鸦片，但也是本地一所小学的校长兼乡长；四儿子在昆明的西南联大读书。由于读书人经常受到人们的尊敬，他的家庭被认为是最有希望的。第三，在他34岁时，由于一个事件而名声大振。事情是这样的：很多士绅对他心怀妒忌，急切地想陷害他。碰巧一个商人在他的老家被土匪杀害，他的敌人控告他暗中与土匪勾结，甚至说他是此事的主谋。他们还谴责他处理地方事务专横独裁，并且作风腐败，结果他被关进了大牢。虽然他的朋友知道他是清白的，但没有人想帮他。但是，他自己非常镇定和坚强，坚信会'水落石出'。最后事情终于真相大白，可谓'真金不怕火炼'。虽然他与这个案子毫无关系，但却难以忘记他的遭遇，他感到世态炎凉，此后做事更加小心了。他正直诚实，不卑不亢。现在他已经有64岁了，从政30年依然两袖清风。第四，由于他年龄已大，体力不支，因此愿意请年轻有为的人来帮助他。当他需要帮助时，总是非常认真地亲自登门邀请，人家看他年事已高，也就无法拒绝了。他信任他的年轻属下，放手让他们独当一面。例如，1940年他被任命为县政府教育局的局长。（助手告诉我，国民政治会议委员会已被取消了。）1942年他又被任命为县初中兼师范学校的校长，同时他还担任战时委员会的主席，身兼数职看起来有点不可能，但他却游刃有余。他选陈先生做他教育局的副手,袁先生任学校的教务长,李先生任战时委员会的总书记。他自己只做他们的顾问,参加重要会议。需要做决定时,那些人会来向他征求意见。县长很赏识他,因为他不找麻烦。"

助手还告诉我:"1943年,由于战争告急,政治会议重新成立。王当选议长。这段时期官府黑暗,县长腐败,上上下下的贪官污吏,想尽一切办法搜刮百姓。人们希望王议长能勇敢地站出来检举这些腐败行为。不幸的是,他对此视而不见,更有一些政治会议委员也和贪官勾结起来一起捞钱。王议长不仅不和人们一道向省府告发县长的腐败,而且当县长被罢免时,他还写了字幅赞美他,并且到车站为他送行。他的声誉因此而严重受损,如果他早点退休,可能会对他的声誉更好,人们也不会反对他。当然,他自己对形势看得也很清楚,他经常说:'我太老了,不能做什么重要的事,已经成了没用的人。'但是,他并不富裕,不能回去安享晚年。这一点非常遗憾。"

"王议长习惯过简朴的生活。他经常穿一件深色长衫,一双家做的布鞋,头戴一顶帽子。当他去参加聚会或是重要会议时,他换上马褂。在城里租房子住时,他所有的家具都是旧式木质的,墙上挂着几副省里名人写的对联,院子里摆了几盆象征文人墨客的兰花。我们经常看见他的客厅里有一两只漂亮的小鸟,那是他从老家带来装在笼子里的。"

他的另一位同事告诉我:"王议长的饮食非常简单。他最喜欢的娱乐活动是打麻将,几乎每天晚上都和几个好友一起玩。他很晚才上床睡觉。儿子都能独立生活，使他感到很幸福。他经常说：'有人留给儿子金银财宝，我却留给他们古代的典籍。'"

我们曾说过王议长的名誉与他的四个儿子的社会地位有关。所以有必要介绍一下他们。我的助手为我提供了以下情况：

"王议长最大的儿子文华在昆阳县城的一所小学读书，毕业后到昆明去读初中，从那里进入了南京国民党的中央政治学校，毕业时28岁。随后他又回到云南，任省府财政厅的处长。一年以后他去了日本，进入东京的早稻田大学，后获得文学硕士学位。回国后在山西省府任秘书，六年后又回到云南，任省府教育厅的处长。四年后，教育厅长向省长推荐他当县长的候选人。为了接近省长，他让省长身边的人请省长去娱乐，给当官的送礼，共花去50万元。❶ 在与省长会面时，省长问了许多有关他和他父亲的资历、工作方面的问题，之后，他又花了100万元贿赂各部门的领导，并请他们吃西餐。接着，省府宣布他任县长。他最后又花了10万元贿赂小头目，然后收到了任命书。大功告成以后他赶紧回到家，让父亲凑够200万元作为他接任县长和酬谢他人的费用。为了满足他的需要，父亲卖掉20万斤❷铁。"

助手继续说道："一个人要想当县长，至少要有300万

---

❶ 那时50万元相当于1900银元或大约1000美元。
❷ "斤"是一个重量单位，一斤等于16两，或一又三分之一磅（604.8克）。

元作底金,否则他就当不上。虽然,王文华事先花了一大笔钱,但他上任半年后就挣了回来。'羊毛出在羊身上。'如果他花更多的钱,那么老百姓就会遭更大的殃,因为他要从百姓身上'榨'出钱来补偿他的花费。"

文华任县长时的一位助手告诉我说:"王文华是一个行动迟缓的人,吸食大量鸦片。他担任县长时非常贪婪,好像对他来讲担任这一任县长是唯一弄钱的机会。如果属下不能为他捞到钱,他就骂他们无能。他自以为是,连老婆也和他和不来,经常吵架。我们看到很多来县里做县长随员的人都挣了大笔钱,我们随他来到县里却穷得连回家的路费都出不起。在他当县长两年半以后,有人向省长告他腐败,于是被免职。免职后他被强制留在县里,一年后,当他交出一部分任县长时非法所得的赃款后才获得自由。"

王议长的次子文达的一位以前的校友说:"文达聪明文雅,他在学校时非常刻苦,中学时曾两次获得奖学金,23岁时通过激烈的竞争,考入北平的清华大学。两年后他离开清华,出任国民党云南省党部委员。不出一年,通过党内激烈的选拔竞争,他获得了国民党中央总部出国留学的奖学金,1931年去了美国。"

王文达在美国的一位朋友告诉我:"王文达在美国中西部的大学获得了文学硕士和哲学博士学位,现在在美国工作,与美国人结了婚,并生有两个孩子。"

有一次王议长拿文达一家人的照片给我看,并且对我说:"儿子平均每月写一封信给我,汇报他在美国的情况。"

"你希望他回中国吗?"我问。

"我只能尊重他自己的愿望。"他笑着回答。

助手告诉我:"王议长的三儿子王文昌从小在昆明读书,英俊而活泼。但他好像是被父亲宠坏了,整日吃喝玩乐,就是不想念书。于是他的父亲让他回到县里在师范学校就读,毕业后在老家的一所小学当老师,同时照顾家务和农田。这时候他染上了鸦片,整夜整夜地抽,清晨才开始睡觉,下午两点左右起床,变得懒惰而消沉。但是,由于他的父亲和兄弟名声很大,人们仍很尊敬他,选他当乡长和当地中心小学的校长。"

助手继续说:"王议长最小的儿子王文伟从小是在县城里念的书,在县师范学校毕业后又去昆明的省立师范学校读书,26岁时进入西南联大的师范学院深造。他文雅、害羞而又保守。还在大学念书时,县长就请他回昆阳任县师范学校和初中的校长。大学毕业后,他回到昆阳。他说县长不可能任命他当师范学校和中学校长。最后,县长任命一位姓刘的先生当校长,让文伟当县政府税务局一个部门的头目。他非常失望,想去昆明找工作。但考虑到父亲年事已高,其他兄弟又不在身边,他决定留下来陪父亲,于是接受了这个职务。"

助手还告诉我说:"1946年昆阳县的很多士绅向省长揭发县长的腐败,文伟趁此良机攻击刘校长对学校管理不善和专横独裁。结果县长被撤换,刘校长也被新县长免职。文伟接替了校长的位置,但是发现当校长薪水少得可怜,且不能及时领到，教师由于靠薪水很难维持生计而无法认真教学，他非常失望，对这个职务不再感兴趣，对学校的事也漠不关心。一些反对文伟的士绅鼓动学生闹事。虽然他说'骚乱可使学校变得更强大'❶，但他并没采取行动改变局势，实际上，他已经很难控制局面了。他优柔寡断，无法驾驭属下。一句话，他缺乏经验。"

我的助手补充说："以前他从不抽烟、喝酒、赌博，当上校长以后，他觉得社交是很必要的，现在他抽烟、喝酒、打麻将，样样都会。他愿意晚睡晚起，就像一位老人一样。"

---

❶ 此句的含义是指中国的警句"大乱之后必有大治"。此句源自孟子之"天将降大任于斯人也，必先苦其心志，劳其筋骨"。参见 James Legge《中国古籍》中的《孟子》(Oxford: Claredon Press, 1895)，第 2 版，第 2 卷，第 929 页。

军　人

朱司令官

　　朱司令官不大像军阀,他是一位在地方上小有名气的旧式地方军人,他的故事大致可以说明旧式军人的社会地位。虽然他不像出身世代书香门第的人那样地位崇高,但我们仍能发现,他还是会为自己在军人中出类拔萃以及具有领导和提高军队福利的能力而感到骄傲。他的骄傲没能阻止他在任职时积累"合理"数目的财富,也未能因他对政府腐败现象的批评而使他自己的家庭远离可耻的腐败行为。王议长的声望有赖于其学识上的造诣,这种声望是较为坚实的。与王不同,朱在社区中的位置,使他会为自己家里人的不良行为而感到痛苦。然而,总体来说,他被认为是士绅的一位领袖人物,实际上重要的是,作为新当选的民主社会党的国民大会的竞选代表,到了上面都要看朱的脸色来决定去留。也不要期望他会缴纳税款("官员和他们的亲戚,构成了……一个特殊的阶级……他们是免税的",这正像费先生所描述的那样,见前面第23页),并且当有人不知深浅地说他应该照章纳税的时候,他会感觉受到了侮辱。照他自己的本心来说,他显然是一位好人,他在为自己的国家服务,并且会自由地批评其他人的行为。——编者

在采访朱司令官之前,我已对他的家庭、职业和性格多有耳闻。我的助手是本地人,因此对当地的事务非常熟悉。

一天下午,我和一位助手拜访了朱司令官的弟弟朱辛。当时他正坐在客厅的椅子上吸烟,我们进去时他起身站了起来,我的助手把我介绍给他,他请我们坐下。

"我能为你们做些什么吗?"他问我的助手。

"我一直想来拜访您,但苦于太忙。"我回答道。

"您今天有时间吗?"我的助手问。

"啊,有!周主任很忙,难得有时间来拜访,我当然非常欢迎。"

随后我解释了拜访的目的和意义,问他是否愿意讲一讲他的先辈及其家庭的事。他说他很愿意将其所知道的事情告诉我们。他向我询问了很多关于人口研究所的工作的问题。在最后谈完战争和政府以后,我和助手与他约定了下次谈话的时间,离开了他的家。以下是我的助手的采访记录:

"正如你们所知,我们的曾祖父朱元最早住在一个叫望森❶的村子里。他是农民,虽然不识字,但聪明、正直。那时候家境不错,但村子里有很多恶棍、赌徒和游手好闲的人,

---

❶ 这个村子坐落在滇池畔、昆明城以东五公里的地方。

他们经常制造事端。曾祖父经常过分热心地劝他们要勤劳刻苦，结果遭到他们的嫉恨，并且受到村民的冷落。村子的地理位置很不利，由于离湖很近，每隔两三年就要遭一次水灾，没有水灾时就会大旱。曾祖父认为在这里待下去毫无前途可言。

"由于在村里生活艰难而且备受冷落，他决定全家搬到城里去住。在离开村子之前，他卖掉 5 工地❶，抵押了 10 工，剩下的 25 工租给别人。在城里，他租了一间临街的房子开杂货店，卖盐、酒、烟、豆油、糖和肥皂等。开张后头两年，因为他缺乏经验而生意萧条。这期间全家仍靠农田的租金收入生活。曾祖父想回到农村去，又担心村里人讽刺他，觉得很难找到出路。

"一天，一位老妇人来到杂货店买豆油，她带了一个可以装一斤多一点油的坛子，一般在其他店里买一斤油都装不满，而这次油却满到了坛口边。老妇人非常高兴，不仅自己成了这里的老顾客，还把店主的慷慨告诉其他人。结果，小店的生意逐渐好了起来。曾祖父也渐渐认识到，以友好的态度对待顾客和承认顾客永远是对的这一点是非常明智的。如果给顾客留下好印象，他下次还会来。他的生意就这样很快

---

❶ 在昆阳，农田的大小是用"工"这个词来表达的。这是指一个劳力一天的工作量。标准的一亩地大约等于 2.6 工。进一步的讨论可参阅费孝通和张之毅所著《被土地束缚的中国》（芝加哥：芝加哥大学出版社，1945），第 28—30 页。（参见费孝通《云南三村》，天津人民出版社，1990 年，第 26—28 页。——译者注）

兴隆起来了。

"由于经营成功,他继续扩大生意。需要本钱时,他就回村子卖地。他在小店的后面又租了两间屋子住,十年之后已经可以把屋子买下来。曾祖父就这样成了城里一个富有的商人,他为自己从农民到商人的这一成功转变而感到非常满意。许多以前瞧不起他的人变得开始崇拜他。他一直经营他的生意,直到75岁时去世。

"我的曾祖母是家里的一位贤内助。在农村时,她不仅收拾好房子和花园,还到地里去干活。她说话柔声细语,对人和蔼可亲。搬到城里去住后,邻居都羡慕她既能干又善良。她对所有的顾客都非常热情,即使人家不买东西。她71岁时去世。

"我的祖父朱浑是个独生子,九岁时进私塾念书,五年之后辍学回家帮曾祖父母经营小店。他白天记账,晚上向曾祖父汇报。

"祖父18岁时结婚,祖母教养良好,他们彼此相爱,过着幸福的生活。祖父每天待在家里陪着祖母,但祖母鼓励他学习,去参加科举考试。他也开始认识到,只有钱而没有别的本领,不会受到人们的尊敬。于是21岁时,祖父开始学习武艺,每天早晨很早起来练习举重,大家都羡慕他的力气。三年后他通过县科举考试中了武秀才,又过了三年,他参加省里的考试中了武举人。❶

---

❶ 中国古代的科举制度分文武两类:(1)"文",或文科考试,用(转下页)

"中了举人以后,祖父处处受到当地人的尊敬,人们见到他都向他行礼。如果在军事方面有重要情况,县长在采取行动前会向祖父征求意见。

"36岁时,祖父卖掉乡下的土地和房子,在靠近城里的地方买了30工的地,又在城里加盖了一间房子。从地里收租换来的米,一家人都吃不完,祖父名利双全。他必须要做的唯一一件事就是吩咐家人和用人应该做什么。村里人因此都嫉妒他悠闲的生活。

"我的祖父长得人高马大,身强力壮,有鲜明的个性。他做事谨慎,一旦决定就不会改变主意。父亲不止一次告诉我,他们必须遵从祖父的命令,祖父的每一句话他们都要记下来,否则就要挨打挨骂。我的父亲和叔叔都非常怕他,听到他命令式的声音就要发抖。祖父去世时73岁。

"我的祖母善良、友好、温柔、漂亮。她极有耐心,甚至祖父发火时她也不会生气。由于她和蔼可亲,店里的生意完全靠她支撑。她操持家务,相夫教子,招待宾客,认为既然祖父是有声望的人,她就应该支持他,因此虽然忙碌但从无抱怨。她特别注重在家里教育父亲和叔叔,因为她知道家庭未来的声誉要靠下一代,如果年轻人教养不良,她自己是

(接上页)以选拔文官;(2)"武",或武科考试,用来选拔武官。考试共分三级:第一级每三年在县里举行一次,通过的人叫秀才,相当于学士。第二级每三年在省里举行一次,通过的人叫举人,相当于硕士。第三级每三年在京城举行一次,通过的人叫进士,相当于博士学位。这些通过考试的人不仅得到特殊的荣誉,还成为选拔官吏的对象。

军人 朱司令官

有责任的。她去世时76岁。

"我的父亲朱干在私塾里念过三年书,他虽然聪明但对学习不感兴趣,经常逃学。一天,他告诉祖父说是去上学,实际召集了一群孩子去山上玩打仗。他让孩子们每人带上自己的武器,比如棍棒或石头,然后把他们分成势力相等的两队互相打,最后,很多人受伤哭叫。祖父母听说后,罚他跪在地上打他,直到他发誓再不逃学,一定好好学习。从那以后,父亲专心学习,但并没有明显的进步。

"我的祖父想,既然父亲身强力壮,而又无心做有学问的人,也许让他学武更好些。于是祖父允许他留在家里照看店里的生意,并把他自己对武艺的热情和他从武的经历讲给父亲听,还讲他做生意的经历。但父亲除了武艺之外,对别的都不感兴趣。他17岁时结婚,三年后开始习武。

"父亲力大无比,用拳头和剑可以打败任何人,他可以单手举起60斤重的石头。他26岁那年中了武秀才,29岁时又中了武举人。(助手告诉我,他们家成了著名的'武术之家'。)县太爷任命他为县警卫队的队长,他召集了一队自愿者每日训练剑和矛。他勇敢且富冒险精神。

"在1847—1872年间,罗罗人的起义波及了云南省的很多地方,昆阳县也不例外。我的父亲带领他的志愿兵在滇池对抗起义军,不幸左腿中弹,跌进湖里。他马上被救出来,然后由人护送回家。当地人非常尊敬他,县太爷还亲自去看望。两个月后,他的伤口痊愈。医药费用当然是由当地官府出的。

"此后,父亲不再供职于警卫队,而是被昆明一家盐铺请去做昆明和玉溪之间盐运站的代理。盐是由马运的,每一匹马他收55分的服务费,年底还有红利,从马背上掉下来的盐也归他所有。(助手告诉我这是一个报酬丰厚的职位,在那时很难找到这样的职位。盐铺老板信任他是因为他诚实,名声好。)五年之后他攒了12万元❶钱。

"父亲和祖父个性相同。他性情非常暴躁,从不向别人屈服,轻易就发火把别人打倒。有一次和别人争吵,他大发雷霆,给对方重重一拳,那人因过度出血而死。死者的亲属极为愤怒,全体闯进我家,砸坏了所有东西,还把家畜杀了当饭吃。他们在办葬礼时,请所有路过的人进去吃饭,并送一块白布。❷ 请和尚和道士来念经,举行宗教仪式以驱散灵魂,或背诵挽歌。我们的花费无以计数。这件事情发生后,盐铺老板不再信任父亲了,辞退了他的职位。就在这时候,祖父和祖母相继去世,我们又花了一大笔钱为他们举行葬礼。家里变得一贫如洗,父亲卖掉6工地来贴补家用,他后悔那一架打得我们丧失了一半家产。(助手告诉我,虽然后来朱干变得有所收敛,但他的声望逐渐降低,直到他四个儿子中的老三当上武官为止。)

"父亲对我们非常严厉,如何我们不听从他的命令,就

---

❶ 这是云南省的纸币,与墨西哥比索的官方比率是10∶1。在正常汇率下,1墨西哥比索值约0.5美元。云南省在1937年抗日战争爆发前,实际上独立于中央政府之外,因此有自己的纸币。
❷ 白布用来表示对死者的哀悼。

难逃他的严惩。他每日早睡早起,精力非常充沛。他思维敏捷,行动迅速,喜欢到处走走,很难停下来休息。他去世时68岁。

"母亲对我们也很严厉,她教育我们要勇敢和勇于冒险,如果我们表现出一丝懦弱,她就会毫不客气地批评我们。"

助手告诉我,朱干的夫人非常傲慢。她自高自大,瞧不起人,喜欢议论别人,憎恨不奉承她的人。当地的人们说:"如果她是个好人,朱干就不会倒那么大霉,她同样有责任。"虽然灾难降临到她家,但她的态度并没有改变。

一位与朱干同族、曾是朱干同学的老人告诉我说:"朱司令官在城里(指昆阳县城)出生。他有两个哥哥、一个弟弟。年少时,他英俊漂亮,但少言寡语,固执保守,如果有任何事不合他意,就会哭闹个不停。他经常欺负别的孩子,但没有人敢报复他,因为他身强力壮。由于他个性鲜明,勇气十足,他的父亲让他去军队服役。

"朱司令官八岁时进私塾念书,他对学习很感兴趣,因此进步很快。由于老师大力表扬他,同学们都尊敬他,他学习更加努力了。

"在私塾念了四年书以后,他父亲的一位朋友推荐他到昆明一所军事小学学习。由于机会难得,能到这里来念书他感到非常幸运,这也激励他刻苦学习。因为成绩优秀,学校又推荐他到南京的军校去学习,他非常高兴。他觉得家乡相对落后,南京可以给他提供增长知识的好机会。

"三年后他从南京毕业,通过激烈的竞争考入直隶省城——保定市的军官学校。这是他未来事业的转折点,因为当时这里是全国军事训练中心。他在这里又学习了三年,毕业后回到云南,并在军队担任一个小职务。

"朱司令官和他的夫人十年前由父母做主订了婚。他回到老家时,家境良好,父母认为应该给他们完婚,正好可以向大家显示一下他们受过良好教育的儿子。因此大宴宾客,总共有400人,包括亲戚、朋友、地方乡绅、新郎的同学等等,仪式持续了三天。"

关于他的事业,他在退伍军官联合会的就职仪式上讲了一番话,这也是他竞选国民大会代表的演讲。一位助手告诉我,他演讲了两个小时,据说他的演讲语言坦率而真诚。我的这位助手也是联合会成员之一,在抗日战争初期,他曾在军队任文官,由于被选为联合会秘书,因此他将演讲的全部内容记录了下来:

"我的军人生涯是从担任军队的中尉开始的,一年后被提升为上尉,成为一个连的连长。我把连里的钱拿出来给大家享用。❶ 我关心部下,尊敬别人。当时部队驻扎在广西和云南交界处,我的任务是镇压土匪——我干得非常成功。在打击土匪时缴获了很多钱物,我拿来改善士兵的生活,给年轻士兵贴补,以使他们安心服役。我的部下对此很满意,我

---

❶ 无论大小连长,经常能得到一定数目的军饷分给他的部下。然而,依照规矩,连长常常自己留一大部分,而把小部分分给士兵。因此,朱司令官的做法有所不同。

也轻而易举就能完成任务。三年后我被提升为少校,成为一个军营的指挥官。"

朱司令官的一位同事告诉我:"他不想得到很多钱,但事业要成功。"这只是他成功的一个因素,另一个重要因素是他的领导才能,他知道如何领导他的部下。有一次,在县长的晚宴上,我们并排坐在一起,谈论战争的消息和中国国民党的军队,他对此不屑一顾。于是我抓住机会问他:"你是如何带领你的部队的?"

他向我解释说:"带兵最重要的是士气。领导、好的生活条件、训练、官兵之间的关系、官官之间的关系,都是一个好的士气的基础。我们不能让低级军官认为他只是在为上司而战,整个军队是一个整体,每一个人都要为共同的目标而努力。和平时期更要注意纪律,应该自尊、自律。此外,军民要合作,杜绝追求个人财富。"

朱司令官的这位同事还告诉我:"提升指挥官以后,他变得更为雄心勃勃。他有着很强的使命感,镇压土匪时是最成功的一个。有钱人、商人,特别是地方官,都非常感激他,送他各种礼物。"

朱司令官的一位族人告诉我说:"在那些年月里,朱司令官的家境因遭遇特大干旱而在经济上极为窘迫。加上又是由17个成员组成的大家庭,这就意味着每一天的开支都很高。尽管他们吃得很简单,也没有什么新衣服,把不必要的开支节约到最低的限度,他们还是不能够养家糊口。这时所有的弟兄们都要为生活而拼命奔波。长兄朱福借了一大笔的钱往返于昆阳和昆明之间从事卖出买进的生意。朱福聪慧而且细心，因为他曾在一所私塾中念过九年的书。他挣了许多的钱，一家人都靠他生活。朱司令官的二哥朱娄也借了许多钱在一个村子里从事米粉生意。由于他缺乏经验，赔了本。后来他对此给予了合理的解释说：'失败是成功之母。'所以他又借了另外一笔总共有100吊❶银子的款，开办了一座酒厂。由于产量小，他又一次赔了本。经过这些失败之后，他感到非常沮丧，一蹶不振。但是借贷必须偿还。在把他的酒厂里的资产全部变卖之后，还欠债175吊。他垂头丧气地回到家之后，债主们还在追着他要债。"

朱司令官的这位族人继续说："但是当朱被提升的消息传到老家以后，他家发生了彻底的变化，他的父母和兄弟们觉得身价提高了，当地人都立刻称他的父亲为'太老爷'。当朱干走进茶馆或旅店时，马上会受到热情的接待。朱司令官的母亲尤其骄傲，她去集市买东西时，故意问这问那，如果卖主认识她而把价格降低，她就买，否则她就问：'你难道瞎眼了，不知道我是谁吗？'他的二哥也不再负债累累，因为债主不敢再向他讨债。他的弟弟朱辛很久以来因赌博和吸食鸦片而受当地人蔑视，现在也被尊称为'四老爷'，到处受恭维。"

这位族人补充道："在广西和云南边境驻扎了五年以后，他带领部队回到云南，并回老家探亲。他带回家五箱贵

---

❶ 这是中国的一种金融单位，大约等于1.5个银元。

重物品，包括5000两银子，由五匹马驮着。他还出钱买了50工的地，为每人都买了新衣服。"

朱司令官自己在演讲中说："在玉溪驻扎了两年以后（助手告诉我他在这里纳了一个妾，因为夫人未生育），我们被命令转移到四川和云南交界处去镇压更多的土匪，那里的土匪头子是臭名远扬的李三牛。几次交锋后，我们将其打败，并击毙了李三牛。我很快被提升为团长。"

他的那位亲戚说："提升以后，他带部队回到云南。这次他又回了趟家，由15匹马驮着30箱缴获的银子和物品，又买了100多工地。昆阳县的人到处都在谈论他，把他赞美到极点。"

那位族人还告诉我说："朱司令官第二次回家时，用花岗岩重修了曾祖父的坟墓，并在墓前立了柱子和石雕的狮子和马。"这不仅表明死者的后代很富有，而且表明了后代的孝道。朱司令官这样做是因为他觉得自己升高官是朱元的坟墓风水好❶的结果。

一次，一位学校老师和我谈起朱司令官的家庭。他说："朱司令官提升团长时，当地人都对他的兄弟和侄子的胡作非为感到害怕。29岁的朱辛，以前遭到蔑视，现在认为报复的机会来了。当地的士绅觉得受到朱家势力的压迫，他们担心会首当其冲成为朱家憎恨和攻击的对象，所以他们

---

❶ 风水观念基于这样一种设想：五行、八卦、周围物体的方向和地形的物理结构都对坟墓有影响，进而对死者后代的财富或灾难产生影响。

认为给'四老爷'一个官位做更好些,于是选他当县政府财政局的局长,县长还公开表扬他的才干。那时的县财政事务由一个县长组织的委员会和12名士绅控制,脱离于省政府之外,朱辛接任这个职位后,成了士绅阶层里最有权力的人物。他不仅控制财政,而且控制教育、基建和其他公共事务。如果他不同意,任何计划都无法实施。有官司的人要请他帮忙,如果官司小,他就自己解决;如果官司难断,他就找县长商量,指出他支持的一方,县长只能听从他的意见。这样,即使另一方案情无懈可击,也只能败诉。在他答应断案之前,双方都要承诺接受他的判定。如果案件不涉及他的亲戚或朋友,他就能够公正判定。所以,人们说他是'头道衙门'。❶至于他的收入,没有人知道他共捞了多少钱。四年之后他辞去职务,后来盖了一幢房子,买了30工农田。"

朱司令官在他的演讲中说:"辛亥革命期间我在上海和广东,在广东时给孙中山当了两个月的警卫队长。回到云南后,我继续待在部队里,与广西和贵州的清军作战。(朱司令官的一位战友告诉我,朱司令官在贵州的时候,曾向省长推荐他的大哥当某县县长。)后来我被任命为驻广西省的一个军管区副司令。"

朱司令官接着说:"上任后我发现这里的士兵训练无素,原来的司令领导不善。我们的敌人非常强大。尽管如此,我还得留下来尽我最大的努力做事情。最后,我们遭

---

❶ 因为官司和公共事务都首先由他来裁定或批准,所以叫"头道衙门"。

到敌人的攻击，在奋战一天一夜之后，部队溃败。司令被撤职，我受到提升继任司令的职位。"

朱司令官的一名下属告诉我："为了扭转局势，朱司令官试图带领部队撤到河边，他希望能在那里把敌人稳住等待增援，但是敌人紧追不舍。于是他带上自己的东西逃跑，刚走到桥中间时敌人已冲到了河边。士兵们乱作一团，争相过桥，结果浮桥被挤断，朱司令官和许多士兵一起跌进河里。幸运的是，他们离河岸并不远，很快游上了岸。朱司令官虎口脱险，但他多年积累的钱财所剩无几。他去贵州劝大哥和他一起回家，大哥朱福由于有太多的钱财，一时无法带走而拒绝了他，后来朱福被广西来的敌人杀害。"

朱司令官的一位族人告诉我："朱司令官对军队的溃败和大哥的死非常内疚。当地人背后骂他，说他失败是因为他家里人作的孽。他当上官以后，老家的弟兄和侄子们做了许多坏事，比如敲诈、殴打老百姓。朱司令官认为乡亲们说得很有道理，把失败的大部分原因归在他的家庭上。他非常沮丧，无法再待在军队里了。"

那位族人接着说："从军队退役以后，他买了一幢四间屋的房子在昆明住了下来，此后再没有给家里钱。虽然他有时也去昆阳，但大部分时间都留在昆明，住在昆明的原因之一是为避开乡亲对他不好的看法。"

实际上，朱司令官仍是昆阳最有影响的士绅之一。我问他的亲戚，朱司令官是否有可能失去士绅的地位。他回答说："朱司令官认为，改变人们对他家庭的印象的唯一方法就是为老百姓做事,因此他竭力抓住机会。当时云南的政局很混乱,军阀各踞一方,好像战争就要来临。在随后的内战中,有一天,一支军队来到昆阳,他们抢劫老百姓的钱财,还向县长和士绅索要5万两银子。朱司令官勇敢地同他们的军官交涉,向他们解释该县的贫困,还强调说:'如果你们能在城里找到5万两银子,我愿意拿出所有的家产充公。'军官被说服,放弃索要银两,两天后撤到别的地方。"

朱司令官不仅做过这一件好事。他的族人说:"还有一次,一支部队的先遣队来到昆阳,驻扎在城的东门外,侦察这座县城是否能供给整个部队。几天后,朱司令官带领一队志愿者来询问情况,警告他们不要留在昆阳,他们不听,朱司令官随即命令民兵将他们包围,他们连夜逃跑。但是,所有这些并没有减轻人们对他的家庭的反对。"

他还说:"过了几年无官职的生活以后,朱司令官1925年被任命为昆阳管理军需品的负责人,重新受到人们的尊敬。他任职期间通过不法手段捞了一大笔钱,1929年省长被撤职时,他也丢了官。他用一部分钱买了一台脱粒机,办起了一个加工厂。机器白天脱粒,晚上为县城供电。1930年他再次被任命为另一个县的禁止鸦片的负责人,他没有答应,而是推荐他的弟弟朱辛去任职。他和另外几个雇来的技术工人共同经营他的工厂(工厂于1931年开业)。虽然他鼓励人们用电,但人们不愿与他打交道,也不敢用电,加上没有足够的电来照明,工厂于1935年破产。"

朱司令官母亲的葬礼堪称昆阳的一件令人激动的事。

那位族人告诉我说:"1933年他的母亲去世,朱司令官向他的两个弟兄建议共同为母亲办一个体面的葬礼,因为这关系到他们家的名声。他们请了20多位和尚和道士,用彩纸做了许多纸人、纸幡、纸狮、纸象和纸亭子。除上述诸物,他们的亲戚朋友和当地官员还送了许多挽联。一幅巨大的遗像挂在灵堂上,棺椁覆盖着丝绸和鲜花。他们从昆明雇来的军乐队和那些和尚道士都奏起了各种各样的乐器。他们招待了1600来人用餐,流水席摆了两天。出殡时,送葬的队伍绵延一英里开外,全县四方百姓前来观看。❶(据说,这样的葬礼从来没有人办过,估计今后也不会再有人能看到。)在他们的母亲辞世后半年,这个大家庭就分崩离析了。

工厂倒闭后,朱司令官已谋到另一个职位。他的那位族人告诉我说:"1937年,朱司令官被任命为云南省东北部民团训练总管。他对这个工作可以说积极负责。他从家乡带出两个侄子,一个在民团中当连长,另一个在警察局当局长。这两个人都有鸦片瘾,嗜赌好贪。当地百姓对他的两个侄子义愤极大,便向省长告发了他们。朱司令官受到牵连而被免职。事后,他伤感地说,'我真是进退两难,我要是带他们出来,我一定会被他们的丑闻所累,如果不带他们,则

---

❶ 接受挽联和迎接宾客的数量以及参加葬礼的来宾的社会地位,对在世者和死者都因其事关声誉而至关重要。参加葬礼的宾客越多、社会地位越高,举行葬礼的人家荣耀越大。欲知更多详情,请参阅许烺光(Francis L. K. Hsu)所著《祖荫下》(*Under the Ancestors' Shadow*,纽约:哥伦比亚大学出版社,1948,第160—161页)。

又会受到亲戚们的责备。'"

那位族人接着说:"此后,他回到老家,买了两艘船,在滇池上摆渡往来昆明和昆阳的乘客和货物,同时还在昆阳建了两座砖窑,用自己的船把烧好的砖瓦运到昆明去卖。虽然两个砖窑因赔本而关闭,但他的摆渡生意很好,赚了大笔钱。那时,他盖了两层的楼房。"楼房是中西合璧式样,周围是花园和果树,四周是围墙。屋内的摆设包括沙发、洋床和留声机,都是当时很少见到的东西。

我在昆阳的时候,人们仍尊称他为"朱司令官",虽然这已经是他30多年前的职务。每当一位新县长或其他高级长官来昆阳时,都会去拜访他。他仍被邀请参加县里的正式活动,如有重要会议,县长也会请他参加。

由于他声名显赫,很多人来求他帮忙。例如,有一个想当乡长❶的人来找他,求他在县里的长官面前为他施加影响。因腐败而被人们告发到省长那里去的王县长,也来找朱司令官为他求情。

我的助手对我讲:"1947年有人请朱司令官加入民主社会党。他说:'虽然我现在年事已高,不能献身政治活动。但目前中国的形势危急,我觉得只有加入政党才能挽救自己的国家。'加入民主社会党以后,他的长子朱龙被任命为昆阳支委的书记。"

我的助手继续讲道:"朱司令官是民主社会党国民大会

---

❶ 昆阳县被分成8个区:包括7乡(位于农村)和1镇(位于市区)。

昆阳代表的候选人，他急切盼望能当选。在选举之前，他派了许多人到县里为他的竞选而活动。但是他未能如愿，国民党暗地已经指定了县里的一位官员当代表。朱司令官非常沮丧，来到昆明请他的朋友帮忙。由于他声名显赫，国民党南京总部电告昆阳，请新当选的代表为朱司令官让出席位，朱司令官最终飞往南京参加大会。"

在八年抗战期间，各种捐税尤其是土地税非常繁重。但朱司令官没有交一分钱。据说，他认为县政府不敢让他交税。在我参加的一次财政会议上，税务部门的一位工作人员公开宣布朱司令官未交过任何税。几天之后，我的助手告诉我："会后，那位工作人员因失礼而受到责备，并且受到警告说，朱司令官要找他的麻烦。朱龙在解释他父亲不交税的原因时说：'我的父亲已为政府工作多年，不应该交税了。'"

朱司令官在市区主干道的一角盖了一座公共厕所。一位农户用厕所的粪便作肥料，每年付给朱司令官240斤大米。公共卫生局的局长是一位相对受过较好教育的官员（他来自上海，后来成为我的朋友），他请求县长将公厕移走，因为它有碍公共卫生。但朱司令官极力反抗，声称："我有权在自己的地盘上盖厕所，没有人能够干扰我的财产权。"（毫无疑问，局长的请求被搁置一边。局长向我讲述了这件事，还经常抱怨当地官府的腐败、自私和保守。）

朱司令官的一个侄子告诉我的助手说："1946年时我的伯父59岁（他仍很强壮），他吸鸦片但不喝酒。他经常命令我们做体面的事。"

朱司令官易于激动。他的演讲真诚坦率，直截了当。他经常批判人与人之间的敌意和缺乏合作精神。他在昆阳赋闲军官协会的成立大会上说："人人都想利用别人，而没有人与人之间的平等交换，每个人做任何事情都是谋求自己的利益，而没有一点道德观念。"

他批评社会的不公："有金钱和权力的人可以保持独立，即使金钱和权力是非法所得。反之，一无所有的人不但要靠自己的血汗谋生，而且要忍受被压迫和受侮辱的痛苦。这是一个罪恶的社会。"

他批评政治太腐败和没有效率："当官的只是唱高调，不为百姓做任何有意义的事。官府自上而下都非常腐败，政治上毫无光明的前途。"

现在他很少公开演讲，也不愿意参与政治事务，看起来非常的消沉和被动。但是他希望他的每一个儿子都能出类拔萃。

助手告诉我："朱司令官的夫人没有生育，但他的姜给他生了三个儿子和两个女儿，个个聪明伶俐。两个女儿朱梅和朱兰，分别为29岁和26岁，她们很早就出嫁了。长子朱龙24岁，毕业于昆阳一所专为官家子弟开办的中学，但没能通过大学考试。他的父亲把他送到一所军事学校学习，但一个月之后他就因不能忍受管制而逃了出来。他任凭自己的喜好逗留在昆明或昆阳。在昆明时，他除了看戏和电影、赌博及吸鸦片以外，别无他事。次子朱虎20岁，正在昆明一所中学读书。最小的儿子朱麟14岁，在小学念书。"

他继续说:"朱龙于1940年18岁时结婚,他的婚姻是父母包办的。在举行婚礼的前几天,朱龙去昆明买婚礼所用的东西,在那里与省长的四儿子发生武斗并被军警逮捕。当他在父亲的担保下被放出来时,他的婚礼已经结束好几天了。❶ 由于他的岳父是玉溪的鸦片贩子,因此朱龙经常去他那里要些鸦片来吸。"

他补充道:"结婚一年之后,在父亲的一位朋友的推荐下,朱龙当上了一个县政府的秘书,但他难以胜任。半年之后,县长给了他5万元❷钱打发他回老家了。"

1943年,地方士绅向省长报告昆阳县长的腐败。朱龙这时认为施展他的影响的机会来了。他在报纸上印了许多表明县长诚实公正的百姓的证据,并向省府呈上请愿书,要求延缓对县长的查办。朱龙因此被县长任命为军事科长,由于县长同他一样吸鸦片,他们成为可靠的朋友。

朱龙当上军事科长后,每家的临时税陡增。如果一个有些财产的农户没在指定时候把被征入伍的儿子送到军队,他就会被逮捕去坐牢。但是,如果这个农户贿赂他,他的儿子就会免于兵役之苦。有时他会带着许多警察晚上到村里为军队抓壮丁。他经常瞄准富家的独子,以此来敲诈。

助手告诉我说:"有一次,省长的护卫派一名军官来到昆阳县逮捕一个逃跑的士兵,这名军官是朱龙的同学。于

---

❶ 在中国,婚姻不是个人的事而更像是家里的事,因此举行婚礼时不一定双方当事人都在,只要新娘在就可以了。
❷ 在1941年,这个数目相当于4066个银元,或2000美元。

是朱龙就在他的同学和那个士兵的家属之间周旋,受贿3万元。很快他被重新任命为区长,因为他当军事科长时的渎职已经被人发现。但是这个新职位同样给他的渎职提供了很好的机会。1943年8月,新18师来昆阳县征兵时,内田乡身体合格的人数未达到预定的人数。朱龙带领一队民兵到宝山乡抓了两个人来顶替,他为此也从乡里得到50万元钱。❶ 当地百姓向他报告李氏有三个儿子,应该被征入伍,但李家给朱龙送了两箱美国香烟和5万元钱,因此躲过了征兵。"

1943年底,昆阳县来了一名新县长。新县长希望罢免朱龙,又怕伤了朱司令官的感情,因此未采取任何行动。

朱龙的一个下属告诉我们说:"为便于吸鸦片和接受贿赂,朱龙把办公室搬到自己家里。区公所的衙役,或是官府的小卒们每日在朱龙家办公。朱龙晚上吸鸦片,白天睡觉。每过几个星期,他就宴请一些官绅或是保长❷,这是为在众人面前表现他的正面形象,宴请的费用由百姓的税赋来出。征兵的时候,如果被选中的人逃走,朱龙就把他的全家逮捕入狱,并罚他们为他家的花园垒围墙。"

1944年县长发现了他的腐败,但又不想伤害他的感情,因此重新任命他为县教育局长。朱龙知道他无法从这个职位上捞到钱,于是就辞了职。

---

❶ 由于通货膨胀,这个数目只相当于1770.5银元或约880美元。
❷ 根据法律规定,每个乡或镇包括6—15个保,每个保都有一个保长。每个保包括6—15个甲,每个甲有一个甲长。每个甲有6—15家庭,每个家庭都有一位户主。

据估计，朱龙在担任军事科长和区长时期共积累了500万元的财富。虽然人们清楚地看到他的腐败行为，但没有人敢告发他。

日军攻打贵州时，县里接到命令要组织志愿队。朱司令官被任命为志愿队长，朱龙为副队长。日军投降后，志愿队解散，朱龙又无事可做了。但我的助手向我汇报说："当民主社会党在昆阳建立自己的组织时，由于他父亲的关系和影响，他被任命为昆阳民主社会党的书记。"

朱龙满足了。在1948年的时候，他膝下有三个儿子。

官僚
———

张科长

张科长代表了"新一代士绅阶层",他们几乎不再受攫取和追求权力的旧秩序的道德束缚。他出身于一个不起眼的读书家庭,财产已被先辈挥霍殆尽,要完全靠自己来谋生。他的成功不仅来自他学习努力、在家中苦练书法和尺牍的技艺,还归功于他的阿谀奉承、"干劲"和无空不钻的渎职。由于他不能被老一辈的士绅完全接受,因此有人评论他"有一种自卑的复杂心理"。有评论说,他的傲慢无礼同他的虚伪欺诈一样阻碍了他的发展。——编者

"张国强",或张科长,负责县政府的行政工作,是昆阳县最年轻的士绅。有一次县长请我帮助县政府做人口统计的工作,因此有机会与张科长相处数月。严格来讲,张科长不属于传统的士绅阶层。他是个暴发户,一个机会主义者,虽然他有权力,许多士绅并不信任他。他代表了拼命想钻进士绅阶层最后终于成功的一种人,他摆出一副骄傲自大的样子,以此来掩饰内心的自卑。我请助手去拜访他,谈一下采

访的事。助手见到他时,他傲慢地说:"你来我家干什么?"

我的助手对张科长说:"我特意来拜访您,因为您是本县一位德高望重的绅士。"张转身离开了,不一会儿,他的母亲走过来,问我的助手是否有事情要问张科长,并礼貌地和我的助手谈了一会儿。但是,当我的助手第二次登门拜访时,张的态度大为转变,这大概有以下两个原因:(1)我的助手让张的表弟路先生与他同往;(2)张正在竞选县议会议长的职位,而我的助手是昆阳教师协会的执行委员。以下是我的助手记录下来的有关张科长的故事:

"我的祖辈住在苗林村,在昆阳县城以东15里。他们有60工地,以种地为生。我的高祖父张福堂,为逃避恶霸的侵扰,把地租给佃户,搬到县城去住。在县城落脚后,他在城边买了一座小房子和15工地。他完全脱离了种地,开始做生意,每年只回村子一次,收取地租。

"我的曾祖父张树森,在城里出生。由于他是独生子,因此继承了家里所有的财产,从小过着无忧无虑的生活。他15岁时结婚。

"当他约24岁的时候,开始与赌徒和醉鬼结交朋友。我的高祖父发现他的坏习惯时,为时已晚。有一次高祖父对曾祖父说:'从小我们就对你很好,从不让你干重活,也未骂过你。现在你不仅不干活,还同狐朋狗友一起挥霍钱财。虽然你认为我们的财产够你挥霍,但如果这样下去,你的活路就不多了。'他回答说:'请宽容点儿!一个人干活就是为了能活下去,既然我们不干活也能生活得很好,那又何必去干活呢？'第二天早晨他离开家，以示对父母的反抗。

"我的高祖父请张树森的老婆劝劝她丈夫。她也认为丈夫正在挥霍钱财，尽力想让他改邪归正。

"第四天张树森回到家。深夜里，他的老婆对他说：'虽然我们已经结婚，但从未严肃地谈过话，今天我想与你谈谈你的父母经常对你谈论的事情。因为你是独子，所以他们就由着你的性子来。现在所有的人都叫你浪子，你知道吗？现在改正还来得及，如果照此下去，你的前途就完了。'他却回答说：'你无权干涉我的事。'

"每年他从村里收来的地租几天时间就能花完，没钱时他就卖村里的地。到他40岁时，只剩了10工地。五年之后，他又卖了5工地来为他的父亲办丧事。又过了三年，他卖掉剩下的5工地为他的母亲办丧事。

"我的高祖父去世时，我的祖父张家林22岁。临死前，高祖父把孙子家林叫到床前，偷偷把房契和15工地的地契交给他。我的祖父把房契和地契放到岳父家里，这样我的曾祖父就无法卖掉房子和地了。

"我的祖父也是个独子。还是孩子的时候，他就亲眼目睹了父亲如何把家里的财产卖掉。这对他是一个警告，他努力来弥补家里的损失。

"张家林19岁时结婚。他的婚姻由他的祖父和母亲一手操办，他的父亲对此并不关心。由于家林非常清楚家庭没落的原因，因此他拼命来拯救自己的家。他和老婆在农田和大米买卖生意上投入了很多的时间，他孝敬母亲，也经常使父亲很满意,这样父亲在花钱上就有所收敛了。同时,家林告诉父亲的朋友不要借给父亲钱,也不要给他买东西。这样就减少了父亲可能造成的损害。

"我的祖父整年辛苦劳作。他清早去地里干活,中午才吃早饭,每天只吃两顿饭。五点吃完晚饭后,他继续干活直到午夜。他不仅努力种地,而且在稻米买卖生意上也很投入。由于他的谈判技巧和得体的言谈风度,他经常买到便宜的稻米。

"家林45岁时,家里的经济条件已大有提高。他不仅买了15工地,还扩大了生意的资本。由于攒了些钱,他想把稻米生意转向把大豆压成豆油的生意。不幸的是,就在这时,张树森去世了,第二年家林的母亲也离开人世。他把所有的积蓄都用在父母的丧事上。为得到做生意的资金,他卖掉村里的房子,换得500两银子。

"虽然家林不识字,但他坚强、聪明、口才很好。但由于他的吝啬,因此朋友很少。他去世时65岁。

"我的祖母慷慨大方而且性情很好,她和祖父共同支撑着这个家。她18岁结婚,生了两个儿子和一个女儿。不幸的是,二儿子18岁时离开人世。

"我的父亲张为龙是两个儿子中的老大。自从我的高祖父起,每一代都是单传。父亲本来有一个小他4岁的弟弟,不幸于18岁时就去世了,所以我的父亲也变成了独子。由于家里孩子不多,父亲自小就备受宠爱。他5岁进私塾念书,九年后学完'四书',然后进入昆明的四年制省立师范学校读书。他学习用功,但只在算术方面表现突出。

"从师范学校毕业后,他回到昆阳,在县里的小学教算术。两年之后,他的同事和学生都认为他是一个好老师。他很高兴,但第三年,他辞了职。(张科长的一个亲戚告诉我:'张为龙因为一件尴尬的事而辞职。有一次他在黑板上做算术题时出了错误,学生们拍手大喊"错了!""错了!"。他的脸羞得通红,态度变得很强硬。后来一位同事来为他解了围。虽然学生对此表示沉默,但他自己认为很羞耻,当即提出辞职,发誓永不再教书。辞职后,他几乎一年没有找到工作,非常失望和消沉。')

"后来,他觉得医生是一个体面的职业,因为它能使自己的家庭和别人都受益;不仅能挣到钱,而且还能赢得声誉。况且,这是一个不受别人干涉的职业。于是他买了一些中药方面的书,例如《滇南草药》和《药典》,认真研读。如果遇到问题,他就向城里的名医请教,他经常请他们吃饭,听取他们的经验,向他们借医书。他特别注意研究斑疹伤寒。四年的学习之后,他开始给人看病。由于缺乏经验,他仍没有把握,经常与其他大夫商量他给病人开的处方。他研究病人的病因,又过了四年,他成了昆阳有名的医生。"

张科长的一位族人告诉我:"张为龙粗暴强硬,性情不定。有人找他看病时,如果他高兴,会立刻前往,而且收很少的钱。不然的话,他就假托有事,不去看病。有时他很温和。例如,当有穷人找他看病时,他不收一分钱。他注重行善,认为他家虽然三代都是独子,但他的善行可以给后代积德。他曾有三个儿子，一个女儿，但只有一个儿子活下来，其他都在很小的时候就去世了，他为此感到非常遗憾。他去世时44岁。

"张为龙去世时，张科长年仅12岁，他太小还不能支撑这个家。为龙的老婆天生爱干活，但自从几个孩子和丈夫去世后，她非常忧郁，被迫寻求娱乐来忘却烦恼，她对种地、做生意和做家务已无任何心思。几年之后她的悲痛有所减轻，但这时家里的经济条件已非常恶劣。

"张科长是为龙最后一个儿子。他出生时，他的哥哥姐姐都已经去世，因此他深得父母宠爱。在我们这里，没有儿子的人让人可怜。根据规矩，没有儿子的人死后不能埋进先辈的坟地。他还会受到人们的蔑视，因为没有儿子是最耻辱的事。另一方面，人们认为儿孙满堂是最重要的。"

张科长6岁开始识字，在此之前他没有机会与其他孩子一起玩耍，因为父母过于保护他，从不让他离开他们半步。他想要什么，父母都能答应，也许这正是他顽固任性的原因。他喜欢上学不仅因为他父母的鼓励，而且因为在这里他可以和其他孩子们在一起。他很聪明，而且记忆力很好。

为龙的早逝使他的家庭更难以进入士绅阶层，他的最近几代都不识字。但由于为龙中学毕业，而且是教师，有资格进入士绅阶层。他医病的方法高超，名声越来越大，逐渐进入了上流社会。此外，他结交了各路朋友，有教师、政府官员、军官和富商。他雄心勃勃，慷慨大方，他想让自己的儿子接受最好的教育，以光耀家族。但是自从他早逝后，他的儿子虽然尚小,也只能开始靠自己去奋斗。

张科长经过长时间艰苦奋斗后才得到今天的地位,他的成功不仅来自家庭背景,还来自他的能力。由于我知道他是靠自己成功的人,我对此大加赞赏。我对他的赞美进一步激励他毫无顾忌地与我谈论他的家事:

"父亲去世时,我12岁。母亲整日流泪,我待在家里照料家事。当时的情况使我怀疑自己会辍学。但我想,如果我不继续学习,我又能干什么呢?出乎意料的是,三个月之后,母亲告诉我应该再回到学校去。我多么高兴啊!当我怀着悲喜交加的复杂心情回到学校时,我的老师和同学都来安慰我,他们的同情只能使我哭得更加厉害。此外,一些嫉妒我成绩好的同学,则只谈论我的前途暗淡。这一冷一热的感觉给我留下了终生难忘的印象。我的母亲仍沉浸在痛苦之中,但当我从学校回家时,她总是擦干眼泪,面带笑容。我被她深深地激励着。我非常努力地学习,想从中找到慰藉。

"我13岁时离开私塾,进入一所执行新的教育制度的小学学习,三年后毕业。这时我的前途问题又呈现出来,我盼望能继续读书,但当时家里的经济条件不允许,我只能在做家务和种地的空闲时候自学。

"我17岁时结婚。我的老婆是我娘舅的女儿。虽然生活拮据,但我们彼此感情很深。她成为我有力的帮手,并鼓励我不断提高自己。

"这段时期我努力寻找工作,但一次次都失败了。幸运的是,在我21岁时,在岳父的推荐下,县政府派我到'省工业局短期培训学校'学习。(他的岳父是昆阳上层官僚的一员。)三个月之后我学完毕业,等待县里分配工作,但我却没有接到任何工作。后来我就在一所小学里教书。半年后,在岳父的推荐下,我到县建设科当了一名技术员。

"那时我的岳父鼓励我每天练习写毛笔字。我用一块刷过红漆的板来代替纸,这样写满之后可以擦掉重写。即使我在非常忙的情况下,我仍坚持每天写50个大字和15个小字。两年之后,很多人来请我写对联或名册。又过了一年,我离开了建设科。(他以前的一位同事告诉我:"张科长在刚进局里的时候,对任何事情都充满热情,而且对同事也很礼貌,因为他知道自己既缺乏知识又没有经验。但是一年之后,他就对自己非常满意了。他蔑视同事甚至局长,结果一年之后,他被局长解职了。")

"离开建设科之后,在岳父的再一次推荐下,我当上了朱司令官的办事员,这时我24岁。两年之后,我回到昆阳。(他的同事告诉我:'虽然他是独子,但必须去参军,因为他在昆阳找不到工作。两年之后,他因无法忍受士兵的艰苦生活而跑回了家。')

"由于我在家无事可做,便潜心学习写尺牍和练字,并阅读了许多实用书籍,例如《社会交往手册》《实用文学每日一读》《书信写作要点》。一年之后,我在县警备局当上了办事员。由于报酬太少,只干了一年便辞职了。

"辞职后,我开始做稻米的生意,由于没有本钱,我从别人那里借高利贷。最后我没有挣到一分钱。

"因为我饱受挫折,我认识到了许多关于如何与人相处才能在这个世界上活下去的道理。我清楚地看到,如果一个人想提高自己的社会地位,就要投机取巧,做尽一切可能的事来得到社会认可。他的言行应该符合社会的士绅阶层和受过教育的年轻一代人的心理。除此之外,他还应该表现得合群并且要与各种各样的人交朋友。我自己就是这样做的,并且渐渐得到了公众的信任。"

我的助手如此评论道:人们,尤其是受过教育的年轻人,都认为张科长是一个很有能力的年轻人。当县里第一次实行国民政治代表选举制度的时候,张科长就当选了。(那时每个县里只有一个代表。)他的名字贴在县城大门的墙上,立刻变得人人皆知,那时他只有29岁。

当选国民代表之后,我们听到人们议论他成功经营茶店和饭馆的原因。有人说他奋斗得很苦;有人说有他的岳父支持。很多没有机会与他见面的农民,竟把他想象成一个天才。那段日子里他情绪高涨,满足于自己的成功。他耍花招欺骗别人。如果他想求别人帮忙,就对人家百般献媚。否则的话,就把人家看作一只蚂蚁。他变得狂妄自大,只贪图利益,实在令人憎恶。

张在34岁的时候,陈县长来到昆阳。张作为国民代表经常拜访陈县长。他向县长介绍昆阳的基本情况及县里的庄稼如何受到旱灾的影响。他建议在松山脚下建一座大坝,储存水用来灌溉城西的农田,城南和城东的农民应该缴税,买一座20马力的水泵,这样干旱问题就完全解决了。张因此而赢得了县长的信任,被任命为县建设科的科长。

那时他对自己的成功和升迁非常得意。升迁意味着财富。他觉得,如果自己的计划实现,他就能名利双收。虽然 1930 年他的建议没有实施,但他受命修建昆阳至玉溪、昆阳至晋宁两条公路(前者长 20 里,后者长 10 里)。他挑选了工人,设计了方案,请求省政府拨款。省府答应每日付给工人 10 分钱。但是张扣下了工人的钱,自己捞了 4000 银元。❶

公路应该铺设玄武岩。这种岩石要由石匠从 10 英里以外的地方开采,费用由省建设厅来出。但是张让工人铺设就近找来的石子,只掺进了少量的玄武岩。最后他又从省府那里得到 6000 银元❷作为追加费用。他把这些钱都贪污了,还用剩下的钱给自己盖了房子。

中国有句谚语说:"富者人人敬,穷者挨狗咬。"由于他霸占了很多钱财,许多富人和有权势的人都对他趋之若鹜,像苍蝇飞向粘苍蝇的纸一样。人们络绎不绝地来到他家向他献媚和送礼。他家的经济条件骤然发生了变化。他衣着华丽,每天都要吃肉喝酒。

过了一年,他让石匠刻了五座 20 米的巨大墓碑放置在祖先的坟前。放置时请了 20 个和尚和道士念经并唱挽歌。这时他还盖了中西合璧式样的六间房子,房子的设计是那里

---

❶ 相当于 2000 美元。
❷ 相当于 3000 美元。

最现代的。例如,有一个水槽用来排干雨水,这是人们从未见过的。房子架梁的时候,大约240名客人排成水泄不通的长队,其中三分之二是当官的。由于主人名声响亮,人们送的礼物比平时多了十倍。不幸的是,他的二儿子就在这天去世。所以正直的人私下说这是张的报应。

1939年时张37岁(这时的县长姓何)。建设科调整为建设局,他被任命为局长。半年之后,县里接到命令,要修建昆阳至安宁的公路。公路经过很多农田,许多想保住自己农田的人向张行贿。这样他又捞到一大笔钱,同时,他把玄武岩卖给了建桥的石匠。据估计,他因此得了20万元。❶

1940年他被重新任命为民政局长,虽然他没有机会从这个职务中捞到钱财,但他利用这个职务做起了生意。他以低息从中央农村银行的农村信贷会借了一大笔钱,但由于通货膨胀,利息很快聚积了很多。他买了铁贮存起来,等到价格上涨时再卖出去。他买进时5元一斤,三个月之后就以25元一斤的价格卖出。随后他又买进8元一斤的盐,四个月之后16元一斤卖出。他重复买进盐和铁,等到价格上升时再卖出。据估计,他通过这种投机行为一共挣了150万元❷,由他和农村信贷会的头儿平分。

他与何县长交往甚密。县长过生日,他建议士绅们连

---

❶ 由于通货膨胀,1939年底的币值,以1937年1月的币值为基础来衡量,下降了2.5倍。所以这个数目相当于8万银元,约4万美元。
❷ 1940年12月的币值已经比1937年1月贬值了9倍。所以150万元相当于18万银元,或9万美元。

同礼物一起送他一幅歌功颂德的字,称赞他为政英明。县长为此非常高兴,经常请他来到自己的卧室,教他各种韵文的曲牌。何县长被省府解职的时候,张向士绅建议为他建一座亭子。

由于张是县长的好朋友,县长听从他的意见,重视他的问题,张便利用这个优势收取各种贿赂。

1943年时,人们抱怨赵县长的腐败和无能。张科长认为把这些抱怨捅到政府里去是他的一个良好机会。他恳求吴理事或吴会长(昆阳县商会)、廖国强或廖科长(军事科)、李青强或李区长(区政府)和其他人的帮助,建议政治会议召开会议。在这次会上,一个特殊的控告县长的委员会成立了。他们四个被选为代表,并去昆明上告。

这件事并不那么容易,因为县长的夫人和省长夫人是结拜姐妹,赵夫人也来到昆明求助。这时昆阳的士绅分成三派,一派是以张科长为首的反对县长派;第二派是支持派,以朱司令官的长子为代表;最后一派是中立派,以王议长的三儿子为首。因此,很难判断谁能在这场斗争中取胜。

在这危急关头,张科长使出了自己的绝招。他的给省里总司令当参谋的侄子向他建议,用50万元来贿赂省长的长子,当时省长的长子任军分区的司令。由于张与前任何县长关系很好,于是他请何县长帮他写请愿书,当时何县长已当上了省立行政培训学校的常务秘书。他还在昆明的报纸上刊登了许多赵县长贪污腐败的事实,在昆阳和昆明散发传单,征集对他有利的百姓意见。四个月之后他的目的达到了，赵县长被解职。

张科长在昆明控告县长的时候，他在昆阳的地位开始变得不稳固。他不敢回家，害怕县长报复，直到县长被解职，新的县长上任。当新选的县长来县里上任时，张科长和其他几个委员会的代表也随新县长回到昆阳。

回到昆阳后，发生了两件事。一件是支持和反对赵县长的两伙人在街上打了起来；另一件是"控告赵县长委员会"改名为"清算赵县长委员会"。赵县长在昆阳被新县长和这个"委员会"拘留。

搞垮赵县长的总共费用是 100.2 万元❶，由执行主席吴会长、廖科长和张科长预付。

清算委员会和国民政治会议联合开过几次会之后，公开了关于赵县长的一个初步报告。报告说，赵县长把政府的 400 担米据为己有。其他的腐败行为仍在讨论之中。

新县长来到昆阳时，县府为他举行了盛大的宴会。我和两位县长、朱司令官还有其他人在同一桌上。

吃饭时朱司令官说："在为政府效劳多年之后，我只有一座小房子。但是他（张科长）在位只有几年，却盖了比我的大得多、好得多的房子。"（他摇头叹息。）

有一次，当我和日后成为我的朋友的新县长谈话时，我问他为什么士绅总是向省长抱怨县长，而不与县长合

---

❶ 1943 年 7 月的币值已经比 1937 年 1 月贬值了 263 倍。所以这个数目相当于 4600 银元，或 2300 美元。

作呢?

新县长向我解释了以下原因:"由于大多数百姓缺乏组织又没有文化,县长和他的几个同僚无法直接接触他们。这是政府和百姓之间的一个鸿沟。士绅大体上都是受过教育的人,他们是公众的领袖,左右着公众的意见,他们其中有富商、地主、学者、退休官僚以及高官的家族,所以他们对自己的利益非常敏感,政治上也极为关注。这样,即使县长不想与他们接触,他们也会执意与县长接触,让人无法摆脱。事实上,如果县长不与他们完全合作,他很难做成什么事,地位也不会稳固。但是,一些组织机构,例如财政支持委员会,就必须是县政府和国民代表的一个共同的合法组织。如果县长想干什么,他必须有钱。这样,他仍然必须和公众的代表,即士绅合作。

"由于县长无法摆脱士绅,他就要努力与其合作,而由于要合作,士绅则自然知道县长的秘密。所以,如果他们想向省府报告县长腐败,就很容易找到证据。况且他们都是有钱人,可以为此行动预支费用。有些退休官僚或高官家族在省府里也很有势力。

"由于士绅注重利益、关心政治,经常分成不同的派,他们极易利用机会搞垮县长,作为追求权力与名望的斗争的一部分。士绅为自己的利益与县长合作,因为他们的地位依靠于他们与政府的关系。但是,当形势违背他们的利益时,他们就会打着保护百姓和地方利益的幌子,与县长作对。"(新县长是学政治学的大学毕业生。)

我的助手告诉我:"起初新县长没有给张科长任命任何职务,因为他是这次反对赵县长行动的主要煽动者。然而,三个月之后,他任命张为民政局长。那时张认为自己是当地进步的使者,表现得自高自大。当人们在街上向他鞠躬时,他趾高气扬地看也不看一眼。但是,当遇到比他地位高的人时,他就卑躬屈膝。

"第二年他被重新任命为县政府的军事科长。他深知军纪严厉,不同于民事法律,因此做起事来非常小心。当有人向他汇报有腐败现象而且证据确凿时,他请求县长追究他的责任,看起来似乎是非常公正。

"1944年,曾是一名军官的梁团长来到昆阳征兵,张科长送给他5万元❶钱,但梁非常诚实,拒绝收下这笔钱。迫于无奈,他最后留了2万元作为日常花费。由于军官的慈悲,招兵工作不尽如人意。梁因此被招回,由苏团长来昆阳代替他的位置。梁把贿赂之事告诉了苏。苏假装廉洁,派他的助手去县政府调查此事。他们让县长把张叫到苏那里去,张知道这只不过是勒索钱财,于是立即送给苏10万元。后来张对别人说:'有钱能使鬼推磨。'

"1945年1月,当上易门县县长的前昆阳县何县长,邀请张做他的常务秘书。半年之后张又回到昆阳,重新被任命为县民政局长。

---

❶ 1944年7月的币值比1937年1月降了776倍(这一数字与182页注释中的数字相比似乎过大,但原文如此——译者注)。这个数目相当于640银元,或约320美元。

"张成功的主要原因是因为他很机灵。他深谙世事,顺势而行,因此即使渎职也未遇到什么麻烦。他未受过太多教育,白手起家,骄傲、冷酷并且市侩,但同时他又很有才干,而且也很现实。1946年他43岁时已经成为中年士绅中的骨干力量。很多人都因他的狠毒而惧怕他。如果有人和他关系不好,他就会找人家麻烦。另一方面,人们从来也没有指望过与他会有长久的友情。

"张的夫人非常漂亮,但很傲慢,人们很少见到她笑。她穿着简朴,勤于家务和生意。自从她的长子去世后,她非常忧郁。1946年时她39岁,有一个儿子和一个女儿,当时女儿正在读小学。她的母亲经常去寺庙求菩萨保佑她多生贵子,儿女平安。"

商 人

丁镇长

丁镇长出身于一个富商家庭,他的父亲早逝(原文如此——译者注),伯父挥霍了家里的大部分财产。他只受过很少的教育,学过一点本领。他非同寻常的出身使他有机会娶名门闺秀为妻,只靠自己的努力这是很难达到的。婚后,岳父的影响力和对他经济上的支持为他做生意提供了成功的阶梯。他肆无忌惮地一步步往上爬,把岳父当作牺牲品,对他小舅子被枪毙也不加干涉。但是,当他到达成功的顶点时,又变得正直友善,对腐败行为深恶痛绝。——编者

昆阳县城是县政治、教育、文化、手工业和商业的中心,每月逢五逢十日都有集市。根据1942年3月1日的人口统计,县城有3547人,大多数人都做生意。全县最富有的人家住在这里,商会是这里最有影响力的组织。所以,成为一个商人对他的社会地位很重要。丁就出生在这里的一个富商之家。我们来到这里时,他已经当上了区长。我曾在一次县府的聚会上与他交谈过几次,他高大的身材和神经质般的举

止很容易引起别人的注意。当他回到昆阳家里的时候,我的助手经常去拜访他,还偶尔在他家里吃饭。由于丁的怀疑态度,我的助手在搜集他的情况时比搜集别人的情况花了更多的时间。

丁的父亲告诉我的助手说:

"我的远祖元朝时自浙江省兰溪县❶迁来,我们是丁淮阴❷的后代,他们或是高官或是学者。第一个来到昆阳的是军队的司令,他随身带了很多钱财,够几代享用。我的祖父丁乃环,是昆阳最富有的人。他所做的生意是把盐从产地运到昆阳,每次至少要雇30匹马,昆阳的零售商人都到他这里来买。实际上他垄断了全县的盐的供给。

"我的祖父盖了一座又大又好的房子,有三个相连的院子。第一个做店铺,第二个做居室,第三个当货栈。这是有名的大房宅。

"不幸的是,由于云南省的长官参与了反抗清政府的斗争,昆阳发生了一场大的战争,祖父的家成了一位司令的总部。这时我年幼的大叔惨遭杀害,房子也遭抢劫和破坏。

"幸运的是,我的祖父及时把银元埋了起来。叛乱被镇压后,他用保存下来的钱修建房子,恢复生意。五年之后,我们家又重新繁荣起来。

"祖父是昆阳有名的士绅之一,他身材高大,举止文

---

❶ 这个县是浙东的商业中心,并以此而闻名。
❷ 据说丁淮阴曾是明朝山东曲阜的地方官,以公正廉明闻名全国,被称为"丁大圣人"。

雅，善于雄辩而且热情真挚；他既聪明又有很强的责任感。他能文擅诗，书法远近闻名。他在 61 岁时去世。

"我的祖母是农家的女儿，但她聪明能干。这个大家庭的几乎所有内务都要依靠她。她经常忙于招待宾客、做饭、料理农田和生意。她生了两个女儿和一个儿子，去世时 64 岁。

"我的父亲丁木森，从他的父亲那里继承了很多财产。他的父亲死后，他埋头做起了大米生意。他除了雇两个长工种 30 工农田之外，经常去茶馆打听大米的时价。虽然他只读过四年书，但他会做账，算盘也打得很好。他个子很高，身体强壮，去世时 68 岁。

"我的母亲聪明勤劳，大部分家事都由她来谋划，是父亲的好帮手。她生了两个儿子和一个女儿，我们三个受她的影响比受父亲的还要多。虽然她很疼爱我们，但对我们很严厉，而父亲倒很慈悲。她去世时 62 岁。"

丁的父亲继续说："我的父亲去世时，我 15 岁。他快要咽气时，把我和哥哥叫到床前最后嘱咐道：'我们家有待人忠诚、孝敬长辈、讲究礼仪的好传统，家道从没有衰落过，这也许因为我们尊敬祖先，你们应该把这些财富传给后代，希望你们都能正道直行，继承优点，珍惜财富，这样我死后就安心了。'这番话我现在还记忆犹新，但我的哥哥却早已忘得一干二净了。"

丁的母亲告诉我的助手说："我的公公死后，整个家就由丁的哥哥来管。虽然他受过教育（曾在私塾念过五年书),但却不走正路。他酗酒、赌博,挥霍了家里的大部分财产,我的丈夫无权干涉他哥哥。公公去世几年以后,我丈夫的哥哥挥霍了大量家产。分家时我们只得到10工地和6间房子。"

丁的一位亲戚告诉我的助手说:"丁的母亲既聪明又能干。结婚后,由于她看到丈夫的家产不久就要被他哥哥挥霍掉,于是坚持要求与哥哥分家。虽然很节俭,但到她快35岁时,已经穷得要靠卖油炸饼来维持一家人的生活。邻居在背后笑话她,她却自信将来有一天会超过所有人。她经常说自己是'苹果命,老来红'。❶她还说:'年轻时受苦并不重要,但要避免年老时受苦。'到1946年时她已经52岁,但身体仍很健壮,每天很早就起床。起床后扫地、为孙女上学做准备。"

丁的那位亲戚还说:"丁的父亲丁萧池是一个诚实温和的人。虽然他有时去茶馆喝茶或去酒馆喝酒,但他总是坐在角落里,不和别人闲聊。年轻时他是一个英俊的小伙子,在私塾里念了十多年书,15岁时学完'四书''五经'❷,17岁中了秀才,之后潜心教书。他对家里的事毫不关心,即使家里无米下锅、无盐做菜也不在乎,整个家都靠他夫人支撑。只有一次他的夫人临近生产,无法料理家事,他才把六间房子中的五间当出去来贴补家用。他经常负债,因此总是精神

---

❶ 意思是说她老的时候就会很富有。红色象征着财富。
❷ "五经"是指《易》《诗》《书》《春秋》和《礼》五部儒家典籍。

不振。"

丁的另一位亲戚对我的助手说:"由于家境贫困,丁在很小的时候就要帮母亲干活。6岁时他的父亲送他去读书,但他经常逃学。他在私塾里念过四年书,离开学校后,他无事可做,四处闲逛。

"18岁时,丁的母亲想尽办法为他娶亲,媒人问过很多姑娘,但人家都对他不感兴趣,一提起丁这个人,人家立刻摇头。但是,半年之后,一个有名的富绅许诺把自己的女儿嫁给丁。这个富绅叫苏泊蓝,是昆阳'民众自卫团'的司令。他很注重品德,认为一个人的成功与否完全靠他的运气。如果一个家族的祖辈有本领而且德行良好,虽然他的后代一时可能运气不好,但终究会'发家'。他追溯丁的家谱时发现他是丁淮阴的后代,于是决定把女儿嫁给他。由于丁家很穷,他家送给苏家的订婚礼物不值一提。苏泊蓝心里很明白,将来他要帮助女婿。"

丁20岁时结婚,婚礼非常简单。而苏家却大不一样,由于只有这么一个女儿,而且苏家有钱有势,因此请了400多位客人。根据风俗,新娘的嫁妆由两家各出一半,但丁家一分钱也没出。

婚后两人感情很好,丁的夫人善良能干。丁为经济拮据而担忧时,她就安慰他,丁失望时她就鼓励他。她告诉丁说她要说服父亲预付一些钱给他们做生意。丁非常爱他的夫人,对夫人言听计从。同时,丁的岳父也认为丁没有一个固定的职业不合适,于是请他的朋友陈才万收下丁做店里的学徒。陈也是一个有名的富商,做鸦片生意,他觉得收苏司令的女婿做学徒不合适,于是拒绝了。最后苏司令以给陈的店铺投入300块墨西哥鹰洋为条件,让丁做店铺的学徒。陈认为苏已经成了名义上的合伙人,理应收下丁。

从此以后,丁不仅有了谋生的地方,而且开始自己创业。虽然他在当地名声不好,但他非常勤快而且小心,他决心奋发图强。在陈的店铺里,他总是最后一个睡觉,第一个起床,起床之后扫地、倒垃圾、擦柜台、照顾客人,什么都做。他诚实可信。

由于陈觉得丁诚实可靠,于是传授给他许多经商秘诀和经验、买卖技巧以及待人接物之道。学会这些之后,丁对做生意越来越感兴趣。

在陈的店铺里待了四年后,丁决定独立做鸦片生意,并把这个想法告诉了岳父。岳父立即表示同意并为此预支了本钱,条件是如有盈利就共同分享。当时苏泊蓝是昆阳最大的鸦片商。丁从乡下的鸦片种植者那里购买鸦片,然后运到昆明去卖,每次运100多万两(或盎司),这时他以岳父的名义买尽可能多的鸦片。如果他的钱不够,就借贷。由于乡下消息不灵通,他经常以很低的价格买进,于是获得高利。当他向岳父汇报时,却经常报城里的时价。

两年之后,丁把他父亲当出的五间房赎了回来,而且攒了不少钱。但出乎意料的是,他的债主都来找他讨旧债,这确实是个打击,丁非常气馁,他没有更多的钱用于生意。于是他夫人便向父亲求救,丁的岳父无奈借给他300块墨西哥鹰洋，并为他组织了一个400块墨西哥鹰洋的信用社。❶丁继续他的鸦片生意，一年后还清了岳父的钱，他的家境也大有好转。不幸的是这时他患了伤寒病，昏倒过很多次。他的岳父来到他家照顾他一个多月的时间。

在持续治疗下，他的病渐渐好转，但是债务在不断地增多。他的岳父从县里为他争取了收取鸦片税的差事，为此花了800元钱。丁得到这个差事后一年内就攒了2000元。后来政府通过禁烟局来控制吸鸦片的人，该局出售一种叫"公膏"（或者叫'公众鸦片'[public opium]）的鸦片，其中混合了吗啡。根据规定，每个吸鸦片的人都要到禁烟局登记姓名和在具体时期内吸食鸦片的数量。登记后，他们必须定期到禁烟局或它的代理处买"公膏"，不许再吸自己的鸦片。如果自己还有鸦片，要卖给局里。过一定时期后，吸鸦片的人就会完全戒了。丁花了一些钱从禁烟局买到了"公膏"专

---

❶ 这种信用社是一种储蓄制度，每个成员在固定的间隔期交纳一定数目的钱，然后在规定的某一日得到一定数目的钱。每个成员应付的钱的数目以及将得到的钱的时间都是提前规定好的。任何一个需要钱的人都可以通过招收另外10名成员来组成一个社。组织者共收集400元，每个成员按事先决定的比例分别交纳。此后每六个月聚会一次，经常是在3月和9月，每一次有一个人得到400元，其他人继续交钱。除了组织者以外，其他人直接按他们收到钱的先后顺序交钱。实际上，前五人正在为他们收到的钱付利息，而后五人正在收收他们交纳的钱的利息。另一方面，社的组织者在为期五年的社中只偿还400元，结果就保证了这是一种无息的借贷。组织者有义务在每次聚会时请大家吃饭，而且有责任收取每个成员应交纳的钱。如有任何一个成员拖延，组织者要负责任。这种体制的有效性依靠每个成员都能履行义务，其安全性也只能靠相互的友情和亲情来维持。

卖权，从中获取了 3000 元的好处。

丁的一位老朋友告诉我的助手说："丁卖'公膏'时，命令每一个吸鸦片的人都要买一定数量，如果有人不买而偷偷吸自己的鸦片，他就把人抓起来严惩。如果有机会勒索，丁毫不心软。由于他知道岳父不想吸'公膏'，而且岳父的鸦片比'公膏'要好得多，于是有时他派人白天到岳父家侦察，有时自己晚上躲在岳父家门外偷听岳父吸鸦片的声音。一次他偷听时发现岳父吸的不是'公膏'，就立即把他逮捕了，完全忘了以前岳父对他的帮助，虽然很多亲戚和朋友都来为他的岳父求情，但都被他拒绝了。结果他的岳父因违反规定而被罚款 50 元。"

丁的内兄对我的助手说："1944 年丁的岳父想做盐的批发生意，从政府那里买盐，然后运到昆阳批发给不同的店铺零售，这是个很挣钱的生意。听到这个消息后，丁立刻赶到昆明，想抢先做这个生意。他送给盐管理局地区理事会的负责人一些伺佻米❶和四只盐鸭，结果他当上了昆阳的盐批发商。"

1945 年 11 月，丁的三内弟（滇军士兵）因擅自离开军队而被逮捕，他的长官派了两名士兵来昆阳逮捕他。他的岳父请丁去为小舅子求情，因为丁当时是县军事科的负责人，救出小舅子是有可能的，但丁拒绝了。后来他的这位三内弟

---

❶ 这是一种质量非常好的大粒米，颜色洁白且有一种特殊的香味。它产在昆阳，在云南很有名。

被押到昆明枪毙。

丁以前的一个合伙人对我们说："有一次，当丁到内田乡和丘土乡去卖'公膏'时，他打着禁烟的幌子，以逮捕和惩罚来威胁百姓，很多吸鸦片和做鸦片生意的人都来贿赂他。一天他派人在十字路口搜查过往行人，结果搜到了1000多两鸦片。由于这不在他的权限之内，他怕被人告到县长那里。这使他明白，如果一个人和官府没有关系，即使他很有钱，也不会安全。"

我的助手告诉我："丁的渎职给他带来了很多财富，他与有钱有势的人打交道，鄙视普通百姓。虽然他的岳父帮了他很多忙，他不但丝毫没有回报，反而背后说他的坏话。因此人们议论丁说，'发了财的人会成为心狠手辣的人'。有些人引用古语说，'心善的人没有钱，有钱的人心不善'。"

丁的一个同僚告诉我："自从丁卖'公膏'之后，他就没有其他职业了。很长一段时期他都非常想在地方政府谋到一个职位。1939年许先生首次被任命为县第一届区政府的长官。丁认为接近许是明智之举，结果被许任命为区政府的办事员。由于缺乏训练，这个职位对丁来讲非常困难。他的书法不好，而且拿起毛笔写公文时不知从何下手，惴惴不安，后背直冒汗。他经常感叹道：'书到用时方恨少'，'未经一事，不知其难'。"

丁知道自己学识不够，于是做任何事都勤快、热情，想以此来弥补他的不足，遇到任何问题他都马上去找许请教。半年之后他被提升为助理，这段时期他学了很多知识，例如取悦上级、社会交际以及滥用职权的技巧,同时他和张科长及其他有影响的人保持了密切的关系。两年之后,区体制改为乡镇体制,他被任命为镇长。他为此非常高兴。

当上镇长之后,他对上级,例如何县长、张科长、廖科长等都非常尊敬,抓住每一个机会给他们送礼。他至少每天去一次县政府办公室,事事都向县长汇报。如果张科长和廖科长想让他做些什么,他会毫不迟疑地去做。与此相反,丁对下级非常粗暴,当他们向丁请示问题时,丁非常傲慢,不愿同他们讲话。由于他对上级阿谀奉承,人们给他起了个绰号叫"哈巴狗"。

丁知道何县长、张科长、廖科长都很信任他,认为自己有后台,于是就胆大妄为,通过各种手段捞钱财。他经常用本地的公款买板材和盐,然后储存起来等到价格上升时再卖出去。由于战争时期通货膨胀,物价不断上扬,丁很容易从中捞到大笔钱,据说他存有 50 万元。❶ 之后,他又授命修建几个仓来储存政府征税收来的米。由于他没有公开账本,没有人知道他从中贪污了多少钱。根据政府的规定,税米以 20% 的年息借给百姓,但他偷偷提高到 40%。更有甚者,当他接到命令为军队准备电线杆时,他多准备了一些,从中选出 50 多根占为己有。还有一次,当军队路过昆阳时,地方政府要为军队提供大米、木柴、玉米和豆子。(大米用来给

---

❶ 1944 年 6 月的币值已经降到 1937 年 1 月的 1／47,这个数目大约相当于 10600 墨西哥比索或 5300 美元。

士兵吃，玉米和豆子喂马。）丁经常多收一些，然后把剩下的粮食深夜拉回家。三年之后，他家成了昆阳最富有的人家之一。

张科长告赵县长的时候，丁也加入了张在昆明的行动，为此丁被县长免去了职务。后来赵也被省府免去职务，丁又回到昆阳做盐的生意。

1945年1月，张科长辞去县军事科长的职务，推荐丁来接他的班。县长发现丁很富有，而且好交际，于是同意了。由于他有钱，当政府吃紧时，他可以先拿出些钱。虽然丁不善于写公文，但赵县长的继任黄县长为他配了能干的助手来协助他。

一位教师告诉我们说："当上县军事科长之后，丁爬到了社会的最顶层。由于他已经有钱有势，他最在乎的就是有个好名声来掩盖他以前做的坏事。他变得温和、谨慎、公正，喜欢被人奉承和崇拜。他自愿买了很多地图送给县城中心小学。他批评教师薪水太低，官府腐败。"

一次我到他家去拜访他，他的房子大而整洁，院子里摆了许多盆花。客厅和书房里挂了很多幅字画，桌子和椅子都是红色檀香木的，厅里的房顶上还挂了一些火腿和盐鸭。

丁经常很晚才睡觉，早晨九点左右起床，起床后，女儿为他端水洗脸。他的食谱包括鱼、猪肉、火腿、鸡蛋、盐鸭和各种蔬菜及米饭，衣服是外国生产的羊毛质地。他带一支美国进口的自来水钢笔和手表，穿皮鞋，他还有一件西洋格调的风衣。他盖羊毛毯，用绸缎床罩，卧室里还有一个收音机。他在家时,每晚都收听有关当时市场的报道。任何人看到这些东西都会对他称赞一番。他为生意每月去昆明四到五次。有时他请几个亲密的朋友来他家玩麻将,但他自己并不玩。近几年来他经常生病,于是开始吸鸦片,认为鸦片也许能治他的病。

丁有一个大家庭,十一口人住在一起。他们是丁的父母、夫人、二哥、小弟、两个儿子和三个女儿,由丁来当家。

丁的夫人聪明能干而且善良,把家打理得井井有条。由于她温和、勤快、有耐心,所以大家在一起和和睦睦,她是丈夫的好帮手。1946 年大女儿 14 岁,在昆明的女子学校念书;二女儿 9 岁,已经小学毕业;三女儿 7 岁,在县城中心小学念书;大儿子 5 岁,二儿子刚出生。丁计划让三个女儿念完高中,儿子念完大学。

土 匪

杨队长

杨队长不同于前面所描述的腐败的官僚,他是很有地方势力的土匪的代表,土匪在中国历史上被农民看作是某种英雄,尤其当他们抢劫富人而不刁难穷人的时候。杨在某种程度上被士绅接受,因为他们怕他,但严格地说他并不属于士绅的行列,因为他既未受过教育,也没有土地,而这些正是可以确保他有这一社会地位的东西。值得注意的是,他弃善从恶部分是源于他在军队里混过,部分是源于和地方权威的合作。若是他不缺乏"世故",可以相信他也许会在官府里站稳脚跟。——编者

杨队长曾是侦察队的队长,在我来昆阳的前两年被暗杀了,但是人们仍在谈论他。我印象最深的几点是:一、县里的人们给他夫人起了绰号叫"老摩登"。(在中国,打扮洋气的女孩叫"摩登女郎",带有讽刺的味道。)虽然她年龄已大,也不识字,但是非常聪明,和各种人都很谈得来,是当地少见的人物。二、杨队长家的房子与别人家的截然不同。

三、当我见到他家厅里挂的由县长和士绅们送的巨匾和长长的木制对联时,我不禁惊叹:"房子的主人曾是一代英雄,他现在在哪里?"

杨队长出生在大马村,由于村子离城很近,而且这里的土地肥沃,因此大多数农户都以种植蔬菜为生。这里的人们种植有30多种蔬菜,包括卷心菜、南瓜、芜菁、菠菜、韭菜、茄子、花生等等,他们把蔬菜卖给城里的人家或卖到附近其他市场上去。他们生活很富裕,农户中有很多人游手好闲、吸鸦片、赌博,甚至有小偷。这个村子以放荡不羁和无法无天而闻名。

大马村离我的住处不到一英里。战时美军在这里建了一个电台,中国军队建了一个长途通讯站,双方在战事上相互合作。有三个美国士兵负责电台,一个中国军官负责通讯站,他们四人和一个翻译一起住在村里的一座庙里。他们都是我的朋友,我经常去那里打听战争的消息。翻译向杨的夫人租了一间房子,这样我就有很多机会同她交谈。我的助手所在的村子离大马村也不足一英里,他和大马村的许多人都很熟悉。

杨队长的父亲杨铿如告诉我的助手说:"我的祖父杨炳刚是一个身材高大、精明能干的人。虽然不识字,但他口才不错,他以务农为生,有95工地和七间房子,是当时村里最富有的人家。

"杨炳刚料理农田有方,每天晚上为他的兄弟和雇工分配第二天的任务,他自己只是偶尔才干活。由于他经营有道，家里的每个人都继承了很多财产。

"杨炳刚每天都去城里，他喜欢管别人的闲事。每当有人遇到麻烦时，他都要去安慰；有人遇到好事时，他也去祝贺。如果有人家的牛或马吃了别人家地里的豆子或米，两家因此争吵起来，他会去尽力劝解。他愿意通过抵押房子和卖地来操办婚丧大事。当他为别人调解纠纷时，就把对错都摆出来以说服双方，因此而赢得了大家的信任，纠纷调解后，人家会请他吃饭以表谢意，他喜欢喝酒。

"杨炳刚40岁时与三个兄弟一起把家产分了，自己得了25工地和两间房。由于田里的庄稼很难维持一家人的生活，他必须辛勤劳作。10年之后，家境有很大好转，他又买了10工地。

"杨炳刚对待子女非常严厉，如果他们做错了事，他就狠狠惩罚他们，因此子女们都怕他。他67岁时去世。

"我的祖母善良能干，她不仅做针线活，招待客人，还下地干农活。她生了两个儿子和两个女儿，她非常爱这些孩子，即使他们做错了什么，也从不打骂，而是给他们讲道理。

"我的父亲杨厚喜是长子，他干农活非常卖力。在冬天的农闲季节，他习惯去山上砍柴，以准备来年用。他从别人那里租了10工地。在农忙季节，雇工的工钱比平时高出很多，他自己抓紧时间把活干完，这样就可以给别人做雇工。五年之后家里的经济条件有所改善，以前我家只有一头牛，现在有两头。又过了五年，我家买了15工地，盖了两间房子，所有的村民都羡慕我的父亲。

"我的父亲厚喜32岁时，祖父炳刚去世了，两年之后祖母也离开了人世。自从祖父祖母去世后，母亲和妯娌之间就开始吵架，叔叔们也变得不愉快，一个大家庭分成了三个小家。

"我的父亲杨厚喜有10工地和两间房子，虽然在开始的几年里家境不断好转，但父亲并没有积攒下很多财产。他74岁时去世。"（杨铿如的一个亲戚告诉我说："杨厚喜的独子杨铿如从小娇生惯养，每天除了吃就是睡，使得杨厚喜非常不高兴，这是他的家庭逐渐衰落的主要原因。"）

"我的母亲聪明、能干、随和、慷慨。她不仅鼓励父亲辛勤耕作，还让她的妯娌和内弟一起为家庭的兴旺而努力。不幸的是，分家后，她觉得这个家再也不能发达了，因为唯一的儿子好吃懒做，挥霍钱财。她非常难过，很快就衰老了，去世时69岁。"

杨队长的一个亲戚对我们说："杨队长的父亲杨铿如从小受父母娇惯，10岁时就凶狠残暴，欺负村里所有和他年龄相仿的人。他到地里放牛时，让别的孩子偷芜菁和西瓜给他吃，如果被主人发现，他就把错都推给别人。他去拣肥料时，也让别人帮他拣。

"杨铿如18岁结婚，婚后他穿得很体面但整日无所事事。他喜欢赌博，有时到外面去赌，有时把人召集到家里来赌。

"他30岁时赌博输了很多钱，由于无钱还赌债，他只好离开家。他在安宁做杂工,在国秋当锡匠。一年之后他穷困潦倒地回到家。

"一年的流浪生活之后,杨铿如的生活方式暂时有所改变,开始努力干活。当时他有8工粮地和2工菜地,由于地里的收入不够支撑这个家,他还给别人当短工来贴补。他力气很大,人人皆知。三年之后,家里的经济条件有所改善,但由于他赌博和酗酒的恶习,因此并没攒下很多钱。

"杨铿如以凶狠而闻名。如果有人冒犯他,他会咬牙切齿地把那人打倒,他不仅把他夫人的姐夫打伤,而且还打死了自己的三儿子。任何人看到他那张凶猛的脸都非常害怕。他经常无故攻击别人,他非常固执,从不认错。如果你坚持自己的观点而不奉承他,他会恨死你。如果你尊敬和羡慕他,他会很高兴。

"杨铿如对他的孩子非常严厉。如果在他们身上发现一点懦弱的迹象,他就大骂一场或大打出手。他鼓励他们或逼他们去做各种各样的事,如果他们表现得很勇敢,他会非常高兴。他羡慕任何一个使别人害怕的人。1944年他62岁时去世。

"杨铿如的夫人机灵、狡猾,与丈夫很相配。虽已步入中年,但仍打扮入时,异常活跃。但是,她料理家务很认真,而且愿意到地里去干活,还每天进城去卖菜。卖完菜之后她马上回家,从不在街上买东西吃。她爱嫉妒别人,也爱背后议论人。1946年时她61岁。"

杨队长的另一位亲戚对我的助手说:"杨队长是杨铿如

的第一个儿子，他出生时家里的经济条件不好，因此没有机会上学，从小他就狡猾、聪明、大胆。他整日取笑、欺负他不喜欢的孩子，虽然后来村里的孩子都在他的控制之下，但别的村子的孩子们开始并不听命于他。他组织自己村的所有孩子和别村的孩子们打了一架，结果除了早田村以外，附近所有村的孩子们都归服于他了。他发誓要打败早田村的孩子，于是命令自己村的孩子每人拿一根棍子或木棒，几乎每天都要与早田村打一仗。最后他们战胜了早田村。

"这件事情被杨队长的父亲知道了，父亲大加赞赏，并鼓励他的斗志。从那时起，父亲决定让儿子去参军。

"1918年时杨队长18岁，他自愿参加了军队，五年之后被提升为军士。不幸的是，这支军队在四川和云南边境被敌人打败，他又回到了家。

"打算回家的时候，杨队长曾三次抢劫以准备回家的路费。回到家里以后，他结识了很多无赖。当时有一个陆团长，他身体强壮，懂武艺，以抢劫为生，杨队长曾是他手下的强盗。

"杨队长20岁时结婚，结婚后仍和妓女鬼混。他的夫人高个子，性格有些野蛮，虽不漂亮，但很聪明，而且穿戴得体。她婚前已失去贞操，这使她的丈夫很愤怒。如果夫人冒犯了他，他会狠狠揍她。他30岁时纳了小妾，这时他的夫人改变了态度，通过奉承丈夫来赢得他的同情。这样他爱他的夫人超过爱小妾，直到他去世。

"杨队长的小妾是玉溪一个商人的女儿。杨带领30个帮手到玉溪把她拐走，当她的父亲发现时，杨队长给了她父亲一些钱作为补偿。那个商人想，既然生米已做成熟饭，即使上告法院来讨回女儿，也不容易再把女儿嫁出去，于是被迫让女儿做了杨的小妾。

"杨队长过着荒淫无耻的生活，他不仅赌博，还经常去妓院。他恶魔般的脸上长着浓黑的眉毛和一双狠毒的眼睛。他说话办事都很小心，走路时目视前方，很难从他的表情上看出他内心在想什么。听说他强暴过好几个女人，强奸女人时他嘴里含着一把刀，以使对方不敢反抗或叫喊。

"1948年12月的一天，杨队长的表弟来找他，说他被人欺侮了。他的表弟以在玉溪和昆阳之间用马来运送客人和货物为生。一个年轻人雇了他的马从玉溪去昆阳，到昆阳后发现他的外套丢了，那个年轻人不仅不付钱，还要杨的表弟还他外套。听到这里，杨队长立即离开茶馆去找那个年轻人。找到时，他上去就朝那人的耳朵打了一拳，然后把他打倒在地，脱下自己的外套扔给他说：'婊子养的！这是你的外套吗？你拿去吧。只有你才有外套吗？擦擦你的眼睛！'他转身走了。那个年轻人爬起来去追他，想向他解释一下，但杨没有理他。

"这个年轻人是昆明的陈团长的侄子，回到昆明后，他把被杨队长打的事告诉了他的叔叔。陈团长听后非常生气，派了两个军士和一队士兵带着他的侄子到昆阳找杨队长算账。到了昆阳之后，他们四处寻找，最后在一个茶馆找到了他，因为有人指点，于是两个军士一进去就把枪对准了他。

杨队长假装他不是，站起来就走，但在门口被那个年轻人认出，那个年轻人大喊'就是他'！杨最终被门口站岗的士兵逮住。他们想把杨队长的胳膊从背后捆住，但杨队长顺从地说他哪里也不去，不必捆住他。当时杨的一个好朋友正同他一起在茶馆喝茶，这个朋友也是个军士，他觉得也许有误解，于是前去看是否能解决。他也被士兵抓住了，因为他们要搜查杨和他的朋友身上是否有武器。当发现他们没有带武器时，就没有把他们捆绑起来，但一边有一个士兵抓着他的胳膊，从街上走过。

"士兵想在一个空旷的地方把杨枪毙，但那天正好是赶集的日子，到处都有很多人，旁观的人说：'你们最好到城的北门外去毙他。'在这危急时刻，杨非常着急，他认为最重要的事就是要活下来。中国有句谚语'先下手为强'，于是他说他的鞋带松了，让押他的两个人为他系一下。士兵发现他说的是真的，于是放开了他的一只手，他们不知道这是一个借口。杨队长蹲下身去，突然从袜子里抽出一把刀，把两个士兵都捅死，然后跑掉了。虽然其他的士兵拿着枪追他，但没有追上。他消失在人群中，离开街道，最后藏在一个公厕里。他脱下他的长袍扔在粪坑里，然后走了出来。当那些士兵没有找到他，最后都回来时，他已经翻过城墙逃走了。很不幸他的朋友被士兵杀了。

"逃出县城之后，杨赶紧回到家，告诉家里发生的一切，然后到他姐姐的公公家里去躲藏。七天后，他发现除了他的父亲被昆阳县政府抓走外，没有其他动静。但他仍觉得，如果不参军，他还会有危险，于是便参军了。那时昆阳军分区的苏司令正在物色一个好汉当警卫。苏司令是陈团长的上级，听说过杨曾经杀过陈团长的两个军士的事。为了考验杨的勇气，苏司令故意让他去见陈团长，杨爽快地回答道：'是！司令，请给我您的名片。'杨带着名片去见陈团长，由于他奉苏司令之命而来，陈团长礼貌地接待了他，未提以前的事。

"过了一段时间以后，杨的父亲被放了出来。杨队长为他杀的两个军士赔了一些钱，事情就算了结了。

"杨队长的大弟弟杨培亮不识字，是个为非作歹的人。通过杨队长的帮助，他也加入了苏司令的部队。他负责军队的后勤供应工作，这是一个肥差，可以在买供应品时捞点钱。

"杨队长和弟弟在军队里待了三年，其间他们在四川和广西与敌军交战过几十次。虽然杨队长以英勇著称，但他非常自私和狡猾。由于苏司令与他相识很长时间，当他的军队在广西被敌军打败时，苏司令给了他和他的弟弟一些钱回家。

"回到家里以后，他和弟弟结识了很多无赖，整日吃喝嫖赌，挥霍钱财。当他们没有钱的时候，开始抢劫过路人。有一次他们杀了一个卖牛的人，把他所有的钱都抢了过来。

"杨队长的二弟弟杨培聪是三个兄弟中最聪明、最活跃的一个。但他的父亲杨铿如不喜欢他，经常扬言要把他杀了。一天，培聪和父亲一起在菜地里切卷心菜，父亲不断地责骂他，当他和父亲争吵时，他的父亲往他的头上砍了两刀。三个月后，培聪死了，年仅 18 岁。后来，当杨队长有势力的时候，还经常为他弟弟的死感到难过，他常说：'如果他不死，会成为我的好帮手。'

"1933 年到 1934 年间，昆阳县的歹徒非常猖狂，杨队长和邻县的强盗们勾结起来，不仅抢劫农村，还袭击县城。当他们打算在昆阳抢劫时，杨自己不露面，而是偷偷策划，抢来的所有钱物都平均分配给大家。但是当他们到别的县去抢劫时，他也加入。他们在每一块地盘都有一个头儿，杨是昆阳的头儿，被同伙❶的人们称作'大哥'，他身边经常有几个保镖。

"1935 年春天，有一次杨被告知他的弟弟和一个与他一起赌博的人打架了。他急忙和保镖一起赶到赌场，拿出剑要刺那人的头，那人当即一闪，脸部被刺伤了，他又想用右手去夺剑，当杨把剑收回来时，那人的四个手指头几乎被切断了。杨见大事不好，赶紧逃到国秋去了。昆阳县政府把杨的父亲逮捕入狱。三个月之后，他的父亲被放出来，条件是给被打伤的人付药费。

"到了国秋之后，杨仍然是除了赌博之外无事可做。当

---

❶ 同伙都是结拜兄弟，按年龄和能力来排行，下一级必须要听从上一级。当有人加入这个团伙时，他必须郑重向天发誓，还要喝鸡血酒。这个仪式表明血比水浓，每个人都要发誓和大家同甘共苦，与大家共存亡。每一个地方选一个头儿，他必须负责这个地方的兄弟的食宿。如果有人不忠，他会被逐出去，还要受到惩罚。他们有很多手势和暗语，可以互相结识，即使以前未见过面。他们常常以赌博、抢劫和给别人当刺客为生。

时当地正在搜捕共产党员,由于他没有明确的职业,于是被捕入狱。虽然他受了许多严刑拷打,但什么也没有交代。半年之后,他逃出监狱,又回到家。

"回到家里以后,他变得更加狂妄,整日招摇过市,和其他县的无赖一起干尽各种坏事,所有的人都叫他'大爷'。杨手下的人经常在两个县之间的路口抢劫商人和过路人。在昆阳县城,每隔三四个晚上都会被抢劫一次,城里的富商都非常怕他,他们必须整晚不睡觉来看管财产。杨痛恨富人,从不骚扰穷人。"

一位士绅告诉我说:"1937年何县长来到昆阳,他发现这里秩序混乱,认为只有'以毒攻毒'才能解决。在打听到关于强盗团伙的一些情况后,他得知杨是最大的团伙头子。他把杨叫到县政府办公室,询问他关于公共秩序的意见。由于县长高度赞扬了他,而且请求他接受任务,于是杨答应接受侦察队队长的职务。

"当上侦察队长之后,他把所有的抢劫能手都招进侦察队。的确,昆阳地区的抢劫案一天天减少了,城里完全没有了。杨对县长非常忠诚和感激,每天跟随着他。为此,何县长把他看作一个改过自新的人,对他很信任。杨队长转眼之间成了昆阳最有权力的人之一。当士绅们摆酒席宴请宾客时,他经常作为贵客被邀请,县长和士绅们称赞他是'除暴安良'。昆阳最富有的商人吴之民,选了杨的女儿做儿子的未婚妻,因为他想得到杨的保护。杨走在大街上时,人们会向他鞠躬致敬。他走进茶馆或饭馆,店主和客人都会热情地与他打招呼。杨的父亲被人们叫作'老太爷'。总之,杨从社会的最底层爬到了顶峰。"

另一位士绅告诉我说:"那些年昆阳一共有三个臭名昭著的流氓头子:一个是肖古,势力范围是昆阳的西部;另一个是梅恒春,势力范围是昆阳的南部;最后一个是杨队长,势力范围是昆阳余下的部分和城里。他们是结拜兄弟,互相勾结。县长任命梅恒春为队长,镇压昆阳南部的流氓恶霸,后来又命令梅杀死肖古。结果几天以后,肖古就被梅恒春暗杀了。

"肖古死后几个月,县长劝诱杨队长杀死梅恒春。为完成这个任务,杨队长分派了几个助手侦察梅恒春的行踪。而他自己则频繁地同梅一起吸烟喝酒,以表亲密,防止梅对他怀疑。一天他们去鸦片行的二楼吸鸦片,面对面地躺在床上。当梅把手枪放在床上的时候,杨队长立刻问道:'大哥,那支手枪是哪里制造的?看起来很不错。'话音未落,他已经拿起了那支枪,仔细端详。当他发现梅毫无戒备时,他对准梅连开两枪。虽然梅已经受伤,但他仍尽力反抗。杨立即跑下楼,过了一会儿,梅昏了过去。杨又上楼,最终把他杀死了。

"那段时期,虽然杨没有抢劫,但他发现在侦察队的掩盖下有另一条发财之路。他经常去赌场搜捕,让手下的人把赌徒抓走,他还去搜查鸦片行。如果赌徒或鸦片行的主人被逮捕,他们将被重重地罚款,杨因此从中捞到很多钱。得到钱之后,他会分给他手下的人一部分。他还分派手下的人在各个路口搜查过往行人。如果发现鸦片或枪弹,就要没收。据估计,他通过这种方式一共得到1万多两鸦片和200多支手枪。他准备用这些武器来进一步扩大他的势力。

"当了两年侦察队长以后,杨又重操旧业。他痛恨富人,经常让手下人夜里去抢富人家的钱财。杨假装捉拿案犯,自然都是徒劳。

"当地和别的县的贼如果想来昆阳偷东西,都要先去拜访杨队长。如果杨答应他们,他们就会把偷来的东西分给杨。不然的话,如果他想在昆阳偷东西,就会掉脑袋。

"在大马村和城雷村之间有一条自西向东流的河,它经常是干涸的,但雨季时会有很多水,两个村的人们为了争水而反目为仇。杨当上侦察队长以后,城雷村的人不敢再用这里的水了。

"杨队长的特长之处是枪打得准,剑舞得快。他能镇定地面对最危急的情况并想办法脱离困境。例如,有一次,在抢劫了一个富人之后,他和兄弟们在某一家的客厅里又吃又喝。这时县政府的警察来到这里包围了房子,在大门外鸣枪。杨队长用两把椅子做掩护飞一般地跑出去了。虽然所有的警察都拿枪瞄准他射击,但他仍没有死。由于他几经危难,他经常说:'我不会轻易就死的,如果要死的话,很多年以前就死了。'

"通过抢劫,杨得到了很多钱财。他没有用这些钱来买地,而是盖了一座非常大的房子。

"有人多次向何县长报告说杨队长在城里抢劫,因没有证据,何县长没有相信,但是他开始注意这件事。

"1941年的1月,杨在县里暗地开了几家赌场,而他派自己人在这里抓赌徒,抓到后就根据他们的财力狠狠地罚钱,钱都归杨所有。接连三个晚上,杨共得到10万元。❶ 一天,他的副手范彪猛想向杨借钱,杨不但没有借给他,还骂了他一通,范因此而恨他。

"一天晚上,杨向县长申请两支十响自动手枪和100发子弹,县长问他为何用,他说:'近日城里有很多强盗,我以这些武器去搜捕他们。'何县长费尽心思来拒绝他的请求:如果借给他手枪,可能会有危险,如果不借,又会得罪他。最后,何县长借口手枪不在手上,让他先带走50发子弹。

"第二天晚上,杨带着那50发子弹去袭击城里的一个富商家。富商的邻居开饭馆,杨白天的时候在这家饭馆要了些菜以备午夜的时候吃。

"午夜里他们吃饱喝足之后,在饭馆的顶层把桌子和长椅一一摞起来,然后顺着爬到富商的家里。当他们开始偷东西时,被那个商人发现了,于是杨的弟弟开了一枪,打中了商人的右手。听到枪声后,附近的警察赶来逮捕强盗,当他们发现是杨队长时,转身就走了。这时商人一家哭喊着呼救,杨队长他们也急忙逃跑了。不巧的是,杨把那50发子弹落在商人店铺的柜台上了。第二天早晨,杨假装召集手下

---

❶ 1941年1月的币值比1937年1月降低了9倍,因此这个数目大约相当于11111银元或5555美元。

人追踪强盗，但那个商人已经把昨晚的事和那50发子弹都报告了县政府。县长认出了那50发子弹，他非常吃惊，也相信了以前人们报告的杨抢劫钱财的事。

"县长非常焦急，他命令一个心腹偷偷打听有谁敢暗杀杨队长，奖励是县政府司令官的职务和1万元钱。他们得知范彪猛曾与杨吵过架，于是让范来杀他。县长秘密把范叫到办公室，请他来完成这个任务，并给了他一纸10天内干掉杨的手写令。

"接到命令之后，范看到杨时非常害怕，不敢实施计划。后来，范又找了另一个人来干，但那个人也很害怕。

"出乎意料的是，在第六天晚上，县长的侄子把要杀掉杨的计划告诉了杨。得知这一消息后，杨带了五个人，每人手持着枪径直闯到县长的卧室，愤怒地问：'听说你要派人杀我，你告诉我，我哪里得罪你了？'虽然县长心里很害怕，但他非常镇静地说：'没有这种事！杨队长，不要听那些谣言。没有你我就保不住自己的位置，我非常需要你，我怎么会做那种事呢？你知道我一直对你很好，这与我当县长并无关系，我们两个之间的感情非常重要。请别着急，我很快就会追查散布谣言之人。'听到这番话后，杨冷静下来，县长还请他吸烟。

"县长死里逃生之后，命令范尽快干掉杨。

"从那以后，虽然杨趾高气扬，觉得昆阳没有人敢杀他，但他仍觉得不安全，决定离开昆阳。1941年1月23日清晨，他打点行李，喂饱了马，准备离开故土。出发前，他到茶馆去喝茶。有人把这一消息报告给县长，县长认为如果不在这时杀掉杨，就等于放虎归山，后患无穷。于是他派县政府负责传送来往信函的丁仇剑陪杨一起来到茶馆，命令杀手当场干掉杨。范彪猛先让杀手进入茶馆，过了一会他自己也进去假装喝茶。当杨与范和丁一起走的时候，杀手突然手持一把刀闯出，在杨毫无防备时对他连刺数刀。杨虽然受了重伤，但仍想掏出手枪射击。这时范跑过来说：'怎么回事？大哥，把枪给我！'杨以为范是来帮他的，于是把枪给了他。范拿起手枪冲着杨开了两枪，杨就这样死了。"（叙述人深深叹了口气。）

迟疑了片刻，那个人继续讲道："听说杨虽多处受伤，但他没有呻吟过一次，他确实是一个很坚强的人。"（他又叹了口气。）

我的助手告诉我说："听到哥哥被害的消息后，杨培良带上枪急忙向城里赶去，到达县城的南门时，有人劝他不要落入圈套，于是他又匆忙回到家。

"结果城里的警卫还是来到村里把杨的房子包围了，他们到处找杨培良，但是杨培良在他们到这里之前就逃跑了。

"其他强盗听说县长派人杀死杨队长之后也都纷纷出逃，其中的一个被警察逮捕，第二天被枪毙。

"杨队长死后，他的家里既悲痛又忙碌，因为有人劝告他们把值钱的东西都藏起来。杨的老婆、小妾和父母把家里的东西转移到别的地方去了，他的家顷刻间变得一无所有。后来，当县长派人来清查杨的家时，没有发现任何值钱的东西。"

晚上杨的家人到城里去认杨的尸首,他们都抱头痛哭。杨的母亲哭喊道:"我聪明的儿子啊,我不止一次提醒你要擦亮眼睛,但是你说你什么都不怕。"他的老婆边哭边说:"我英勇威武的丈夫啊,你活着是英雄,死后一定是一个厉鬼,你一定要在阴间为自己报仇啊。"

人们对杨的死有各种不同的反应。富人和士绅认为他是昆阳的一害,对他的死非常高兴。他们说:"如果这个大恶棍不死的话,昆阳就没有安宁。"而农民们虽然知道杨臭名远扬,但因他从不抢劫或敲诈贫苦的乡下人,因此对他和他的家人表示同情。他们说:"我们崇拜他,因为他不怕武力和压迫。"

有一次,当我和一位教师谈起杨队长时,我问他,杨已经爬到社会的最高层,为什么他不满足于成为上层社会中的一员呢?既然他痛恨富人,用大部分钱来买武器而不是买地,那他为什么没有成为社会革命者呢?杨失败的原因是什么?那位教师做了如下解释:

"杨队长之所以时时放纵自己是因为他有背后力量的支持。县政府并不打算逮捕或杀掉他,因为这样可能会使杨和他的团伙回到山里当土匪。但是,何县长来了之后,情况就发生了变化。何县长是一个很有计谋的人,他运用'相互牵制'的策略来歼灭这个团伙。杨队长和他的手下人都落入了何县长的圈套。虽然强盗也有组织,但他们的组织并不完善,没有共同的意识形态与集体利益和意识。虽然杨想利用他的地位来扩大势力,但是他缺乏政治头脑,他失败的主要原因是不够精明。

"当上侦察队长以后,如果他一改过去的想法和行为,也许就会永远成为士绅中的一员,但他仍然痛恨富人,不花钱买地。他成为统治阶级的一员,但仍反对这个阶级。'无恒产者无恒心'。❶ 杨队长没有固定的地位。再有,由于杨和他的祖辈都没有受过教育,他们并不适合士绅的地位。杨的手除了舞弄刀枪之外,根本无法拿起毛笔或是钢笔。即使当杨很有权力的时候,也不能赢得士绅和富人对他发自内心的尊敬,只不过他们敢怒不敢言而已。这些也许是他不满于成为士绅的一员的原因。

"虽然强盗和士绅属于不同的阶级,但他们的共同之处在于都不进行生产劳动,寄生于善良勤劳的农民,农民们嫉妒他们悠闲的生活。杨是一个强盗头子,不受人们尊敬和爱戴,人人都怕他。虽然他有时像是除暴安良的侠士,但他实际上仍是贪婪和放荡不羁的,他可以不择手段地为金钱和权力而斗争。由于他不属于农民阶级,所以不能赢得贫苦农民的支持。没有大众的支持,又怎么能成为社会革命者呢?"

杨队长的一个邻居告诉我说:"杨身材高大,五官端正,他看起来寡言少语,一脸严肃,但不可信。他办事果断,如果有人冒犯他,他毫不迟疑地就动武。他经常带着两支枪和一把刀,枪里装满子弹。小枪放在帽子底下,大枪

---

❶ 出自孟子的一句话。

插在腰间。他从不忘记离家前先试试枪,他的枪法和刀法都很好。

"杨队长经常穿戴整齐,每天都要换衣服,他一天吃三或四次美餐。(农民一般一天两餐。)他的生活常常没有规律,有时整夜不睡,有时又睡一整天。他的床具都很好,例如英国的毛毯。他去较远的地方时,一般骑一匹高大的快马或骑自行车。他的马每天都吃得很好。他对朋友很大方,虽然人们认为他是个恶棍,不讲道理,但他对普通百姓却非常友好。"

改革家

刘崇道

起初,刘崇道的生活看起来像是一位现代革命者的生活。但他远不是一位在党内上级权威的指引下,跟随党的路线,操纵民众不满的"马克思式的英雄"。他个人努力废除他自认为是错误和不公正的东西,除了一份不成体系的公众感情之外,他几乎再无其他支持,而这种努力也并非无效。这样,也许人们自然地把他同过去那些为了人民的事业与帝国的权力做斗争的知识分子的反抗联系在一起。与王议长相比,他更少有传统秩序上的特征。尽管如此,他还是代表了一种"学者的良知",这种良知在中国的历史上曾经接连不断地导致了反抗滥用权威的直接行动的出现。——编者

1944年,为了欢度中秋节,昆阳初级中学的校长为所有的教师举办了晚宴。王议长是学校的校长,我是兼职教师。当时昆阳的士绅正准备控告赵县长,他们谈论着县长的腐败无能和不公正以及他老婆的傲慢和丑陋(她的脸上长有麻子)。同时,他们还议论刘崇道,说他聪明勇敢,有思想

有远见,讲他如何被县长逼为"强盗"。整个氛围中既有蔑视和仇恨,又有亲切和崇拜。这标志了政府领导的组织松散,人民渴望巨大的变革。

我的一个助手曾在刘崇道的老家当过一年小学教师,与刘崇道很熟悉。后来他曾两次回到那里采访刘和其他的人,并在刘家住了两天。以下是我的助手的报告:

"刘崇道1910年出生在昆阳西部一个小村庄,这里离昆阳县城有35英里。村子位于山脚下,与外界联系很不方便,大多数村民都是罗罗人。除了几个做木材生意的富人以外,村民都以种地为生。田地在山坡上,被称作'梯田'。山被茂密的树林覆盖,这为强盗提供了藏身的好地方。"

刘崇道对我的助手说:"我的曾祖父刘尚奎聪明健壮又能言善辩,由于当时家里的经济条件好,他又是独子,因此备受娇惯。他从小就注重打扮,喜欢交朋友和四处闲逛,还到镇上去赌博喝酒。

"刘尚奎二三十岁的时候,变成了一个真正的窝囊废。他有时甚至十天也不回一次家,只有把钱都花光时,才回家卖米。如果他的老婆干涉他,他就打她。他不但赌博,还喜欢'玩小姑娘'❶,他不仅不怕本地的人责怪,还经常跑到别人的'花场'❷去。这个地区几乎所有放荡的女孩都与他有

---

❶ 这是罗罗人的风俗。晚上男子约姑娘到山里——经常是坐在月光下或火堆旁。男子准备酒、水果、饼干等作为点心。他们还可能弹乐器、讲故事、跳舞或唱情歌,通常在山里待整个晚上。
❷ 约会的地点。

染。他唱歌很动情,据说他唱三天三夜也不会重复;他还会很多种乐器,而且玩得很好;他幽默的话语经常让人捧腹大笑。他到处受欢迎,因为他的出现带来了活泼生机。他身体健壮,性格温和、快乐,常带着微笑。

"尚奎很大方。他交的朋友有好人也有坏人。他经常出钱和五六个朋友一起去饭馆吃饭,因此他挥霍了很多钱,结果所有的朋友都觉得他很好。那些粗鲁野蛮的年轻人更愿意支持和保护他。如果有人责备他,他们会为他辩护,他渐渐成了这帮游手好闲人中的头儿,但他从不欺负任何人。他经常说:'我不压迫普通百姓,我也不怕有权势的人。'

"但是在他40岁时,他受到一次惨痛的教训,被迫将30工地中的20工卖掉。由于他不能再像以前那样款待他的朋友们了,这些人就开始远离和蔑视他。他常说:'生活要靠钱才能维持,一个没有工作的人是无路可走的,游荡生活的结果是悲哀而不是幸福。'他68岁时去世。

"我的曾祖母身强力壮,她吃苦耐劳,又很简朴。曾祖父的无拘无束令她很难过,她辛苦四五天挣来的钱还不够丈夫的一顿饭。当她试图阻止丈夫卖地时,遭到丈夫的毒打。她为此非常伤心,年老后她经常为早些年受的苦而流泪。她生了两个儿子和两个女儿,去世时74岁。

"我的祖父刘镇德年少时受了很多苦。由于他的父亲对家事不闻不问,他七岁时就只好帮母亲在地里干活。他事事都听从母亲的教诲,看起来要比他的实际年龄成熟。他认为虽然父亲不务正业,但他决心要为这个家赢得名誉和财富。

如果年轻时不努力,将来就没有前途,他的母亲也对他寄予希望。

"镇德12岁时,他的父亲又要卖地。他和母亲试图阻止他父亲,他说:'爸爸,如果你把地卖了,那我们以后吃什么呢?你老了以后怎么养活自己呢?'他的父亲回答道:'儿孙自有儿孙福,莫为儿孙套马牛。'❶从那以后,镇德对父亲非常冷漠,认为他不是一个好人。他和母亲费了很大力气,请求人们不要买他父亲的地,最后他们留下10工平地和5工山地。虽然他的父亲晚年时改邪归正,但'肥水已流外人田',镇德一辈子生活都很艰难。

"镇德诚实、细心,而且能吃苦。他让他的弟弟每天干活,为了增加收入,他还从一个叫谢宝新的农民那里租了10工地来种。这块地起初不肥沃,所以租金很少,他在地里施了很多肥。由于他能得到收成的三分之二❷,所以家里的经济条件渐渐有所改善。

"家里经济条件的改善鼓励他更加努力地劳作。他用8担米换了20头山羊以得到肥料,结果他地里的收成大大提高了。他家的运气也在不断上升,他种的各种谷物都长得很快,牲畜也繁殖了很多。他44岁时把租的10工地买了下来,而且家里除了他们要用的之外还可以攒下8担米,他把米贷给别的农民,年利七厘。虽然他已经成了村里的富

---

❶ 中国的一句古话。
❷ 这个地区的租金一般至少是收成的一半。

人,但他和他的家人都很节俭,从不乱花一分钱。他60岁的时候又买了15工地,这样他家总共有45工地。他71岁时去世。

"我的祖母机灵活泼,而且个子高,身体壮。她默默按自己的计划行事,话不多,终日都很忙碌。她把家里和地里都打理得井井有条。她非常喜欢她的孩子,从不责骂他们,孩子们也很听她的话。她生了一个儿子和一个女儿,去世时65岁。

"我的父亲刘延陶是独子,因此被父母当成掌上明珠。他在家里什么都不用做,父母总是准备好糖和水果让他吃,他每季都有适时的衣服。(村里的孩子常常没有足够的衣服每季都换。)村里的人告诉我的祖父说镇德娇惯他的儿子,但是镇德说:'我愿意让我的儿子生活舒适,别人管不着。'

"延陶十几岁的时候非常不守规矩。他每天到山里打猎,当他打到鸟或其他猎物时,就要喝很多酒。当他想和女人私通时,他毫不在乎要走多远的路。他花钱大手大脚,喜欢吃狗肉,因为当地人认为狗肉滋补,而且能预防瘴气。虽然他对家里的事丝毫不放在心上,但由于他的父母勤劳简朴,因此家里的经济条件还不错。

"延陶17岁时由父母包办结婚。(刘崇道的一个邻居告诉我说:'他们结婚后,彼此并不相爱,因为他觉得"家花不如野花香"。❶ 他的老婆对他也不忠,这样他们都不管家,

---

❶ 出自中国的谚语。

把家里的责任都推给了两位老人,他只是在没钱的时候向父母要钱。')他的老婆既聪明又漂亮。

"延陶30岁时渐渐有所改变,由于年龄的增长,他变得比以前负责任了,女人们也不再对他感兴趣了。因此,他开始疼爱自己的老婆,挑起家庭的重担。

"虽然延陶没有受过很好的教育,但他办事仔细、周密,他家的财产不断地增多。为了卖个好价钱,他每年都把米储存到第二年的春天再卖。他总是想买更多的地。

"延陶50岁时已经买了20工地,这样他总共有60工地,是村里最富的人。虽然他比以前有钱了,但他却更简朴了,他身穿破旧的衣服,不认识他的人还以为他很穷。他唯一的爱好是喝酒。他每天早晨都要去地里看看,白天则照料他的孩子。他不干任何重活。

"延陶对他的孩子很好,很少打骂他们,如果孩子做错了事,他就给他们提些建议。如果孩子表现好,他会大加赞扬。他认为一个人的天性是无法改变的,一个聪明的人不需要太多教育。虽然他不识字,但他聪明、坚强又通情达理。只要他决定做的事,就绝不会改变。他不能容忍欺骗。他去世时67岁。

"我的母亲精力充沛,也很勤快,但非常倔犟,喜怒无常。(刘崇道的一个邻居告诉我的助手说:'如果延陶惹恼了他的老婆,他老婆会几个星期都不理他。他的老婆喜欢被人奉承,如果有人当面挖苦她,她就会怀恨在心。由于她家很有钱,所以人们都很尊敬她。')她有两个儿子和一个女儿。

1946年时她67岁。"

刘崇道的一个亲戚告诉我的助手说:"刘崇道是刘延陶的长子,他的父亲31岁时才有了这个儿子,因此非常高兴,也很喜爱他。延陶经常说:'人财要两旺,但人比钱更重要,因为钱是财宝,而人是活宝。'他把所有的家务都包了,以让老婆好好休息并有时间照料孩子。"

崇道以自我为中心、专横跋扈的倾向从四五岁时就显露出来了,任何他喜欢的东西他都要据为己有,他发脾气的时候,会把所有的东西都扔掉而且哭个不停。为了不让他发脾气,他的父母和家里的其他人对他百依百顺。当和别的孩子们玩耍时,所有人都要听他摆布,如果有人违背,他就会把人家打倒在地,然后赶跑。他想做的事情谁也无法阻拦,他的过于倔犟的性格可能是由于父母的娇惯。

崇道9岁开始读书,当地的教育水平很差,一般10个村子才会有一所学校。他在一所私塾念书,离家五英里,吃住都在学校,能够出钱让自己的孩子到那里念书的人家并不多。

刘崇道的父亲待人友善,而且很有远见。他认为如果不让孩子念书,他家就没有前途,如果有一个孩子当了官,就能光宗耀祖。农民没有飞黄腾达的机会,当他儿子的老师告诉他崇道很聪明而且记忆力很好的时候,他非常高兴。老师还说,虽然崇道爱玩耍,但他的成绩是最好的。

在私塾念了八年书之后,崇道来到昆阳县城参加县初级师范学校的入学考试。当延陶得知自己的儿子被选中时,他大办酒席宴请亲朋好友和地方士绅,所有上门祝贺的人都送上一两元钱为崇道上学用。

刘崇道向我的助手讲述了他初次到县城的感受,他说:"我在师范学校上学的时候,很为自己感到自豪,因为虽然我生在山区,但现在可以和城里的孩子一起读书。由于村里其他的孩子都没有这个机会,因此我非常珍惜,努力学习不让父亲失望。同时,我也有自卑感,因为城里的孩子穿得比我好,我没有吃过他们吃的东西,也没有见过他们见的东西。"

刘崇道的一个同学对我说:"崇道上学的时候,经常和别人打架,他很有正义感。如果有人冒犯了他,他会跟人家拼到底,但是所有的同学都喜欢他,因为他有新观念,而且善于雄辩。他的作文经常受到老师的表扬。"

崇道对我的助手说:"四年之后我从师范学校毕业。毕业前我到昆明参加省府教育厅组织的毕业考试,在昆明住了十天,这里的生活与我的老家的生活的巨大差距让我很吃惊,我不禁想:为什么城市这么富,而农村又那么穷呢?"

崇道的一个亲戚告诉我的助手说:"回到家里以后,崇道在一个镇上当了一名小学教师。一年之后的暑假,他去昆明参加小学教师进修。后来他对他的朋友说:'高官和富商住在大城市里,农村贫穷是因为财富都集中在城市里。'"

刘崇道的一个同事对我的助手说:"崇道当老师的时

改革家 刘崇道

候,经常去拜访区❶里的官员,这样他就和区政府的领导和地方士绅交上了朋友,他的知识、能力、责任感和文雅很受这些人赏识。"

1938年刘崇道刚从昆明回来的时候,区政府的领导就请他当政府职员的助手。与教书相比,他对行政管理工作更感兴趣,他谨慎、正直、热情又精力充沛,渐渐成了区里的一个出色的人物。

崇道赢得了人们的信任,同时也引起了同事的嫉妒。由于他经常公开指责他们腐败、缺少责任感、言行不一,因此很多人都恨他,最后他被迫辞职。地方政府的黑暗腐败给他留下了深刻的印象。

离开区政府之后,很多百姓和士绅都非常同情他。他勇敢地站出来,告诉人们他要为百姓和当地的利益做些事情。此时,省府正命令县长废除区政府制度,扩大先前的乡镇。刘崇道发现群众支持他,于是他利用这个机会要求人们把区分成两个乡,并鼓励百姓向县长请愿。县长认为这个区太大,而且有强盗,为了管理方便,答应把区分成两个乡,东部叫"内田乡",西部叫"丘土乡"。刘崇道被选为丘土乡的乡长,当时他27岁。

刘崇道当上乡长之后,立即建立了管理制度。他认为他的手下既要有年轻有为的人,也要有年龄较大的士绅阶层

---

❶ 1944年昆阳划分为五个区,此后,随着保甲制度的重新建立,昆阳又被划分为八个乡镇,即七个乡和一个镇。

的人，前者办事，后者监督。他觉得最重要的原则就是诚实和正义。首先政府不能做对百姓有害的事；其次应该尽力为本区谋福利。他不看中财富但很重视名誉，他经常说："君子谋道不谋食。"❶

刘崇道是一个很有能力的年轻人，人们对他的品格和行为都非常敬佩。自从该乡建立起来后，税大大降低了，政府成了人们行动的中心，他们知道政府已经做了什么，还要继续做什么。崇道还让他的下属把政府的开支每月公布一次，他自己从来不收任何费用。如果他接到县里的有关命令，他会向百姓们解释。结果，丘土乡的条件比内田乡要好得多。

管理好乡里的事之后，刘崇道开始把注意力转向大众的教育。以前区政府有一所中心小学，区划分成乡之后，中心小学相对数目较少，因为大多数村子都没有高小，于是刘崇道下令每一个保都要建一所高小，由保长负责义务教育。一年之后，学生大大增加，他又建议他所在的乡单独建一所中心小学。由于交通不便，这样对学生更有利。

刘崇道最突出的贡献是镇压强盗。以前这里的强盗猖獗，几乎每天都有人被抢劫或杀害，人们日夜不得安宁。后来，崇道暗暗与流氓分子结交，他经常请他们喝酒，向他们询问强盗们的情况。最后他把他们编成一队，由他们的头儿任队长来镇压强盗。他把丘土乡分成三个部分，每个部分都

---

❶ 出自孔子的话。

有头儿，他自己也带领一个队，他经常带领手下的人与强盗做斗争。由于他智勇双全，所以强盗很怕他。听说他要荡平强盗，他们都逃跑了。这样，整个乡的秩序恢复了正常，人们都很佩服和支持刘崇道。

由于刘崇道时时身处险境，因此他经常随身带着枪和刀。他时刻保持警惕，如果有人来拜访，他要先问清身份，然后才会见。他有时去茶馆或饭馆，但从不久留。当他离开办公室时，他经常骑一匹高马，还带着四五个随从。他对人很有礼貌。

刘崇道完全控制本乡。他去县政府开会时，经常直言不讳地把自己的想法说出来，在众多的乡镇长中，他是唯一一个敢为百姓说话、与权贵做斗争的人，如果他认为某些事不公正，他会斗争到底。他经常批评其他官员说："他们只考虑自己的利益，为正义而斗争就意味着要侵犯权贵的利益，谁愿意冒这个风险呢？他们都是聪明人。"另一方面，他因过于直率而经常受到指责。

1943年赵县长来到昆阳。有一个与刘崇道来自同一地方、在县政府做办事员的人，对刘崇道的位置羡慕已久，想取而代之。他贿赂赵县长，让县长任命他当乡长，于是县长没有任何理由就免去了刘崇道的职务。这件事使当地的士绅和百姓大惑不解，他们请求县长废除命令同时请求刘崇道无论如何都要继续留任。最后，一伙办事员来到乡政府办公室强行接管本乡的事务。他们到达办公室时，刘崇道命令自己的保卫人员与他们斗争，最后，有两个办事员被打死，四人受伤。

　　事情发生后，赵县长想尽快平息事态，因为怕他的名声因此而受到影响。他派一队武装警察将刘崇道逮捕入狱，这激起了当地的民愤，人们不允许那个办事员当他们的乡长。为了缓和百姓的情绪，赵县长被迫选了另外一个人当乡长，这样事情就平息了，但是刘崇道仍待在监狱里。人们多次请求县长放出刘崇道，但县长对此置之不理。

　　县长希望刘崇道能保释出狱，因此每天晚上与他谈条件。刘崇道是一个诚实的人，虽然他担任乡长四年多，但并没有攒下很多钱，他不愿意向家人要钱来保释他。

　　刘崇道对我的助手说："如果我为自己而浪费家里的财富，我就无颜面对父老兄弟。假如我不为百姓着想，利用权力谋取私利，即使拿出一些钱给赵县长也无所谓，但我从未做过对不起百姓的事，所以我决定一个子儿也不给县长。然而，监狱里的生活是很残酷的，那里黑暗得即使在白天也不能看清五英尺以外的人，空气中弥漫着难闻的气味，到处爬满了臭虫和虱子，我们坐在潮湿的地上，所发的食物无法填饱我们的肚子。最后，我不得不请求家人为我准备好25000元❶将我保释出去，家里为此卖掉了5工地。"

　　我的一个助手对我说："在监狱待了两个半月之后，刘崇道消瘦了许多。他对政府充满了仇恨，在日记中写道：

---

❶ 1943年3月的币值已经比1937年1月降低了137倍，这个数目相当于200墨西哥比索或约100美元。

'社会多么黑暗,政府又是多么极端,官府歪曲事实,压制正义,金钱吞噬了人性。'他心怀愤怒,激烈地抨击县长的腐败无能和卑鄙无耻,发誓要报复他。"

县长得知刘崇道对他不满后,命令手下的人再一次逮捕刘崇道。刘崇道闻声绝望而逃,认为是逼上梁山❶的时候了。这时正是抗日战争的关键时期,由于日本占领了印度支那和缅甸,云南就受到了日军的威胁。刘崇道跟随了一个土匪头子,打游击战抗击日军。他向土匪灌输政治思想,说服他们与百姓团结作战,因为没有百姓的支持,无法进行游击战。他的首要原则是"绝不做对百姓有害的事",认为应该掠夺官僚、鸦片商和其他富人的财产,因为这些都是不义之财。加入土匪团伙之后,他的很多朋友和一些年轻人都因受到他的激励而为游击战做出了贡献。

刘崇道的一位朋友告诉我说:"崇道加入土匪一年半之后,日军投降。崇道觉得,既然战争已经结束,他不应再继续打游击。由于在山里没事可做,他就在1945年的12月回到了家里。"(这时赵县长已经离任,一位新的县长来到了昆阳。)

回到家之后,崇道从事的是务农工作。他自己已不再关心当地政府的事情,他变得非常的缄默,只与自己知心的朋友来往。但当地人对他都有很好的印象,很尊敬他。当他去茶馆和饭店的时候,那里的人分文不取。他的才智、勇气

---

❶ 见第19页,注释❷。

和正义感受到人们的敬慕。在这个社区里，刘崇道的名字是妇孺皆知的。没有人把他看成是"土匪"。

在家里待了半年之后，人们选举刘崇道为县国民政治协商会议的委员。他们都发现他知道事情该如何发展并且也敢于为百姓说话。因此人们都认为作为人民的代表，他是最有资格的。最初他并不敢参加在县城里举行的会议。但是由于当地的人们对他寄予信任，他感到自己必须鼓起勇气来做些事情。然而他知道，国民政治协商会议并没有实施代表建议的权力。他常常说："国民党政府掌权已经有20多年了。在这些年里，他们是好话说尽，但坏事做绝。夸夸其谈不会有任何的结果。"在第一届国民政治协商会议之后，他第二次当选为这个会议的委员。

刘崇道个头高大，精力充沛，黑黑的脸庞上长着一双敏锐的眼睛。他思维敏捷，行动迅速。尽管对各色人都很友善，但是他经常说"君子难与小人交"。

刘崇道对他的未来雄心勃勃。他刻苦读书，就像精力充沛的年轻人一样。他时刻准备着抗击恶势力并寻找机会来实现自己的理想。他的生活朴实无华。他的爱好是骑马和打猎，而且枪法很准。他还喜欢演奏琵琶和三弦琴。

刘崇道大儿子达仁1946年的时候九岁，当时正在一所小学校里读书。二儿子礼仁那个时候四岁。这两个孩子都很聪明。他的女儿那时只有一岁。

译后记

1946年，美国极有影响的《社会学刊》(*American Journal of Sociology*)登载了当时在云南大学任社会学教授的费孝通先生长达十七页的论文，题为《农民与士绅：中国社会结构及其变迁的一种解释》。这应该算是七年后出版的英文版《中国士绅》(*China's Gentry*)一书的节缩本，后者又可以说是费先生基于其长期田野工作凝缩而成的对于中国社会整体结构与功能运作机制的一份总结性论断的汇集。

1953年，由美国著名人类学家雷德菲尔德（Robert Redfield）作序，其夫人玛格丽特（她也是美国著名社会学家、芝加哥学派的奠基人罗伯特·派克[Robert Park]的女儿）亲自编订的《中国士绅》一书在英语世界出版。此书由七篇关于中国社会结构和城乡关系的专论组成，是玛格丽特女士根据费孝通先生在1947—1948年间发表在报刊上的文章为基础编订的，书后还附录了六篇社会学家周荣德先生1943—1946年间在云南地区从事士绅研究的一些调查片段，它从另外一个角度进一步佐证了费孝通先生在阐述这一问题时的深刻洞见。此书出版后，一直是英语世界中有关中国乡村社会结构及其变迁这一领域必定会引用到的一份参考文献。

《中国士绅》是从一种社会人类学的视角,以费孝通自己在江苏和云南的几个村落的田野调查为基础而写成的。关于这几个村子的情况,费先生之前曾有《江村经济》(*Peasant Life in China*)和《云南三村》(*Earthbound China*)这两本田野报告先后在1939年和1945年以英文出版,并且后来都有了相应的中文版,唯独《中国士绅》尚未见到中文版的发行。很多年前,三联书店的编辑舒炜先生,后来是薛松奎先生便同我商量翻译此书的事宜,我犹豫了一下,最终还是接受下来了,并邀秦志杰女士与我一同翻译。

之所以接受这一任务,是因为当年三联书店欲以这本书来为费先生祝贺九十华诞,而我作为费先生的学生义不容辞去担当这一翻译工作;之所以犹豫了一下,是因为以前也读到过这本书的英文版,并做了些笔记,但一直不曾动过翻译的念头,因为我深知这本书虽然短小,但要真正翻译成为汉语却也并非易事。

后来的情况也确实如此。这本书是玛格丽特女士20世纪40年代末来中国,在费先生当时所在的清华大学听了先生的英文口述之后,回美国重新编辑整理完成的,其中还加入了几十个注释。书中的几篇文章大略可以在《皇权与绅权》和《乡土重建》这两本书中读到,但费先生当时并非照着他的汉语原文逐字逐句口述翻译的。而玛格丽特的编辑工作,正像她的丈夫雷德菲尔德所说的那样,极为仔细,她希望通过她的工作使费先生的思考更清楚地传达给英语世界的人们。因而,她在对费先生的口述翻译的基础上,又添加了一些内容，使全书的内容前后连贯，成为一个整体。

　　这些都是一个编辑应该做的事情，不需要太多的说明。但我们在回译成汉语的时候，就出现了应当以哪个版本为依据去翻译的问题了。最初是想将费先生原来的文字原封不动地拿来使用，但发现和英文版的表述虽然意思接近，细节上还是有些出入。比如英文版第八十页在谈地方官的工作时写道："Their job was merely to collect taxes and to act as judges." 费先生在《乡土重建》一书中对此的表述则是："他们的任务不过于收税和收粮，处理民间诉讼。"还有英文版说："On the Dragon Day, Sheep Day, Dog Day markets in Yunnan..."，费先生的原文则是："昆明附近的龙街、狗街、羊街等都是这种大街子……"前一个例子中，英文中少了"收粮"这一信息；后一个例子中，云南地方性的集市名称"街"在英文版里就不见了。这种中英文的不对应，一直是困扰我们翻译的一个难题。后来我给自己找了一条理由：应该忠实于英文，把一个美国人对一位中国学者的文字的理解再重新翻回到汉语中来，由此也可以看出来文化翻译的可能与困难所在。

　　有了这样的思路之后，译稿很快就完成了，其基本翻译原则就是以英文为基础将其翻译成汉语，但有些带有本土意味的词汇还是要参阅费先生的汉语原文。另外，对费先生忠实翻译自己原话的部分，则尽量用他自己的语式和词汇，因而在译文中会见到有些文字引自费先生上面两书中的原话，只是做了一些文字上的改动，以便使前后文字顺畅自然。

本书还有一点值得一提，它并非只是面向西方的读者，因为其中的每一篇论文可以说都是一位博学深思的中国人倾心为中国公众写下的，这是它重要的魅力和影响力所在。美国人类学家罗伯特·斯宾瑟（Robert F. Spencer）对此书的编订曾有过高度评价："……雷德菲尔德夫人为准备将此书译介给美国读者而做的缜密研究应该受到赞誉。"而华裔美国人类学家许烺光（Francis L. k. Hsu）教授则在《美国社会学杂志》上特别地称赞道："……这些文章不能被任何一个研究中国士绅的学者所忽视，六部生活史也毫不逊色。这些士绅中有文人、军人、官僚、商人、土匪和改革家。"

本书英文版 1953 年出版之时，中国学者与海外的交流出现了阻隔，所以出版此书的芝加哥大学出版社曾郑重声明："由于出版商多年未能与费先生联络，因此无从得知他是否要对此书进行某些修改。考虑到此书深远而持久的研究价值，并应读者的不断要求，本出版方决定将此书原版重印。"《中国士绅》在西方的面世就是发生在这样的时势状况下。

最后要感谢我的挚友和同乡蔡国先在初稿翻译中的一些协助性工作。我曾就注释的一些问题求教于刘援朝、麻国庆、孙珉、赵丙祥等诸先生，在此一并致谢。

中译本 2009 年在三联书店首次出版，2020 年恰逢费孝通先生一百一十年诞辰，闻知三联书店准备重版此书，并将其列入"费孝通作品精选"之中。责任编辑来电希望修改译后记，因而草成此文，也算是对此书出版背景的一点说明，更是对以一介书生自居的恩师费孝通先生的一份最为素朴的纪念。是为记。

赵旭东
7月22日写于京北亦乐斋

出版后记

《中国士绅》是美国著名人类学家雷德菲尔德的夫人玛格丽特（Margaret Park Redfield）女士编辑整理的一部文集，由费孝通先生1947—1948年发表在中国报纸上的七篇文章组成，后面还附录了社会学家周荣德先生1943—1946年间在云南地区从事中国士绅研究的一些调查片段，现保留原貌一并呈现。

芝加哥大学出版社1953年出版了英文本（书名为 *China's Gentry : Essays in Rural-Urban Relations*），中译本2009年由三联书店出版，2011年外语教学与研究出版社出版双语版时对译文做了修订。此次的编辑工作即以这两个版本为底本，并沿用了外研社对原文内容的几个编者注（见第82、88、92页），特此说明。

生活·讀書·新知 三联书店

2020年9月

费孝通作品精选

（12种）

《茧》 费孝通20世纪30年代末用英文写作的中篇小说，存放于作者曾经就读的伦敦经济学院图书馆的"弗思档案"中，2016年被国内学者发现。这是该作品首次被翻译成中文。

小说叙写了上个世纪30年代苏南乡村一家新兴制丝企业的种种遭际。这家制丝企业通过实验乡村工业的现代转型，希望实现改善民生、实业救国的社会理想，但在内交困中举步维艰。作者以文学的方式来思考正在发生现代化变迁的乡村、城镇与城市，其中乡土中国的价值观念、社会结构与经济模式都在经历激烈而艰难的转型，而充满社会改革理想的知识分子及其启蒙对象——农民，有的经历了个人的蜕变与成长，有的则迷失在历史的巨变中。

《江村经济》 原稿出自费孝通1938年向英国伦敦经济学院人类学系提交的博士论文，著名人类学家马林诺夫斯基在为本书撰写的序文中预言，该书"将被认为是人类学实地调查和理论工作发展中的一个里程碑"。1981年，英国皇家人类学会亦因此书在学术上的成就授予费孝通"赫胥黎奖章"。

本书围绕社区组织、"土地的利用"和"农户家庭中再生产的过程"等，描述了中国农民的消费、生产、分配和交易等生活和经济体系；同时着重介绍了费达生的乡土工业改革实验。费孝通后来多次重访江村，积累了一系列关于江村的书写。江村作为他在汉人社会研究方面最成熟的个案，为他的理论思考如差序格局、村落共同体、绅权与皇权等提供了主要的经验来源。

《禄村农田》 作为《江村经济》的姊妹篇，《禄村农田》是费孝通"魁阁"时期的学术代表作，作者将研究焦点由东南沿海转移到云南内地乡村，探寻在现代工商业发展的过程中，农村土地制度和社会结构所发生的变迁。

作者用类型比较方法，将江村与禄村分别作为深受现代工商业影响和基本以农业为主的不同农村社区的代表，考察农民如何以土地为生，分析其土地所有权、传统手工业和社会结构的异同与变迁，目的是想论证，农村的经济问题不能只当作农村问题来处理；农村经济问题症结在于土地，而土地问题的最终解决与中国的工业化紧密联系在一起。这一探寻中国乡村现代化转型的理想与实践贯穿了费孝通一生。

《生育制度》 费孝通1946年根据他在西南联大和云南大学任教时的讲义整理而成，围绕"家庭三角"这一核心议题，讨论了中国乡土社会组织的基本原则及其拓展，其中描述社会新陈代谢的"社会继替""世代参差"等概念影响深远。本书是费孝通的早期代表作，也是他一生最为看重的著作之一。

《乡土中国·乡土重建》 20世纪40年代中后期，费孝通的学术工作由实地的"社区研究"转向探索中国社会结构的整体形态。他认为自己对"差序格局"和"乡土中国"的论述，是这一时期的主要成就。

《乡土中国》尝试回答的问题是："作为中国基层社会的乡土社会究竟是个什么样的社会。"它不是对具体社会的描写，而是从中提炼一些"理想型"概念，如"差序格局""礼治秩序""长老统治"等，以期构建长期影响、支配着中国乡土社会的独特运转体系，并由此来理解具体的乡土社会。

《乡土重建》则以"差序格局"和"皇权与绅权"的关系为中国社会的基本结构原则，在此基础上分析现实中国基层社会的问题与困境，探寻乡土工业的新形式和以乡土重建进行现代社会转型的可能。这一系列的写作代表了费孝通 40 年代后期对中国历史、传统和当代现实的整体性关照，是其学术生命第一阶段最重要的思考成果。

《中国士绅》 由七篇专论组成，集中体现了费孝通 40 年代中后期对中国社会结构及其运作机制的深刻洞察，尤其聚焦于士绅阶层在中国传统社会的地位与功能，及其在现代化进程中逐渐走向解体的过程，与《乡土中国》《乡土重建》等作品在思想上一脉相承。他实际上借助这个机会将自己关于中国乡村的基本权力结构、城乡关系、"双轨政治""社会损蚀"等思考介绍给英语世界。

《留英记》 费孝通关于英国的札记和随笔选编，时间跨度从 20 世纪 40 年代到 80 年代。作为留英归来的学者，费孝通学术思想和人生经历有很重要的一部分与英国密切相关。

这些札记和随笔广泛记录了一个非西方的知识分子对英国社会、人情、风物、政治的观察，其中不乏人类学比较的眼光。比如 1946 年底，费孝通应邀去英国讲学，其间，以"重返英伦"为名写下系列文章，开头的一句话"这是痛苦的，麻痹了的躯体里活着个骄傲的灵魂"，浓缩了他对二战后英帝国瓦解时刻的体察与速写。作者以有英国"essay"之风的随笔形式观察大英帝国的历史命运、英国工党的社会主义实验、工业组织的式微、英国人民精神的坚韧、乡村重建希望的萌芽，以及君主立宪、议会政治和文官制度等，尤其敏锐地洞察了英美两大帝国的世纪轮替和"美国世纪"的诞生，今日读来，尤让人叹服作者的宏阔视野和历史预见力。

《美国与美国人》 20 世纪 40 年代中后期，费孝通写了大量有关美国的系列文章，这些文章以游记、杂感、政论等形式比较美国和欧洲，美国与中国。其中，《美国人的性格》被费孝通称为《乡土中国》的姊妹篇，作者透过一般性的社会文化现象，洞察到美国的科学和民主之间的紧张，认为科学迫使人服从于大工业的合作，而民主要求个体主义，二者必然产生冲突；并进一步认为基督教是同时培养个体主义和"自我牺牲信念"的温床，是美国社会生活以及民主和科学特有的根源。美国二战以来在全球政治经济格局中越来越突出的霸权地位，实际是费孝通关注美国的一个重要背景。他晚年有关全球化问题的思考，与他对美国、英国等西方社会的系列观察密不可分。

《行行重行行：1983—1996》（合编本） 20 世纪 80 年代到 90 年代中期，费孝通接续其早年对城—镇—乡结构关系的思考和"乡土重建"的理想，走遍祖国的大江南北，对乡镇企业、小城镇建设、城乡和东西部区域协同发展进行实地考察和调研，先后提出了苏南模式、温州模式和珠江模式等不同的乡镇发展类型，以及长三角、港珠澳、京津冀、亚欧大陆桥经济走廊、中西部经济协作区等多种区域发展战略，其中还包含了他对中西部城市发展类型的思考。

本书汇集了费孝通十余年中所写的近六十篇考察随记，大致按时间线索排列，不仅呈现了晚年费孝通"从实求知"的所思所想；某种意义上也记录了改革开放以来中国发展黄金时期的历史进程。

《中华民族的多元一体格局：民族学文选》 费孝通是中国民族学的奠基人之一，从1935年进入广西大瑶山展开实地调查开始，对民族问题不同层面的关注与研究贯穿其整个学术生涯。如果说《花蓝瑶社会组织》是用人类学田野调查的方法对民族志研究的初步尝试，那么1950—1951年参加"中央访问团"负责贵州和广西的访问工作，则是他进行民族研究真正的开始，其后还部分参与了"民族识别"和"少数民族社会历史调查"，这些工作不止体现于对边疆社会的组织结构和变迁过程进行研究，对新中国民族政策和民族工作的建言献策，更体现在他对建基于中国历史与现实的"民族"定义和民族理论的探索与构建中。1988年发表的长文《中华民族的多元一体格局》，即是其长期思考的结晶，费孝通在其中以民族学的视角概述中国历史，并提出一种民族认同意识的多层次论，认为中华民族是既一体又多元的复合体。这一对中国作为一个多民族国家在理论层面的高度把握，是迄今为止影响最为深远的中国文明论述。

《孔林片思：论文化自觉》 20世纪80年代末，费孝通进入了他一生学术思想的新阶段，即由"志在富民"走向"文化自觉"，开始思考针对世界性的文明冲突，如何进行"文化"之间的沟通与解释。到90年代，这些思考落实为"文化自觉"的十六字表述，即：各美其美，美人之美，美美与共，天下大同。

晚年费孝通从儒家思想获得极大启迪，贯穿这一阶段思考的大问题是：面对信息化和经济一体化的全新世界格局，21世纪将会上演"文明的冲突"，还是实现"多元一体"的全球化？不同的文化和文明之间应该如何和平共处、并肩前行？中国如何从自己的传统思想中获得文化转型的自主能力，从中国文明本位出发，建构自己的文明论与文化观？

本书收录了费孝通从1989—2004年的文章，集中呈现了费孝通晚年对人与人、人与自然、国与国、文明与文明之间关系的重新思考。

《师承·补课·治学》（增订本） 从1930年进入燕京大学社会学系开始，在长达七十余年的学术生涯中，费孝通在人类学、社会学和民族学领域开疆拓土，成就斐然。他一生的学术历程与民族国家的命运、与时代的起伏变换密切相关。本书汇编了晚年费孝通对自己一生从学历程的回顾与反思的文章，其中既有长篇的思想自述；也有对影响终身的五位老师——吴文藻、潘光旦、派克、史禄国、马林诺夫斯基——的追忆与重读，他名之曰"补课"；更有对社会学与人类学在学科和理论层面的不断思考。

本书还收录了费孝通"第一次学术生命"阶段的四篇文章，其中《新教教义与资本主义精神之关系》一文为近年发现的费孝通佚稿，也是国内最早关于韦伯社会学的述评之一。